Günther Grünsteudel

WALLERSTEIN - DAS SCHWÄBISCHE MANNHEIM

D1717715

Günther Grünsteudel

Wallerstein - das Schwäbische Mannheim

Text- und Bilddokumente zur
Geschichte der Wallersteiner Hofkapelle
(1745 - 1825)

Verlag Rieser Kulturtage
2000

Begleitband zur Ausstellung der Universitätsbibliothek Augsburg
WALLERSTEIN – DAS »SCHWÄBISCHE MANNHEIM«
Wallerstein, Neues Schloß, 1. Juni – 9. Juli 2000

Seite 2: Wappen der Fürsten zu Oettingen-Wallerstein

Satz und Layout: Ursula Knab. Umschlag: Katharina Urch
Gesamtherstellung: C. H. Beck'sche Buchdruckerei, Nördlingen
ISBN 3-923373-43-0

Inhalt

Wir erinnern uns an die 9. Rieser Kulturtage 1992, als anläßlich seines 200. Todestages der Komponist Antonio Rosetti ein zentrales Thema war und die damals noch junge Internationale Rosetti-Gesellschaft ihm in Partnerschaft mit dem Verein Rieser Kulturtage ein Wochenende widmete.

In diesem Jahr nehmen wir seinen 250. Geburtstag zum Anlaß, um im Rahmen der 13. Rieser Kulturtage fast eine Woche lang Rosetti zu hören und zu »erleben«. Wir erinnern uns, daß es hier im Ries war, wo dieser musikalisch gebildete Böhme nach seinem Ausscheiden aus dem Jesuitenseminar in Olmütz im Jahr 1773 auftauchte. Da Dokumente fehlen, entstanden blühende Legenden: Man erzählte sich, daß Fürst Kraft Ernst einst auf der Jagd in den Fluren um Hohenaltheim den erschöpften jungen Mann gefunden und ihn in seine Dienste aufgenommen habe. Nach 16 Jahren, in denen er seinem Fürsten treu gedient hatte, bat er um seine Entlassung, um eine besser dotierte Stelle am Herzoglich Mecklenburg-Schwerin'schen Hofe annehmen zu können.

Wenn wir den Zeitgenossen Glauben schenken dürfen, so wurde dieser liebenswürdige Musiker einst mit Haydn und mit Mozart verglichen. Später geriet er zunehmend in Vergessenheit. Heute bemüht sich eine wachsende Anzahl interessierter Personen und Institutionen, Rosettis Werke wieder stärker ins Blickfeld der musikalischen Öffentlichkeit zu rücken. All denen, die sich dieser Aufgabe widmen, gilt mein aufrichtiger Dank. Er wird begleitet von der Hoffnung, daß auch die Rieser Kulturtage 2000 mit dieser Ausstellung zur Geschichte der Wallersteiner Hofkapelle sowie ihrem reichhaltigen Konzertangebot dazu beitragen können, Rosetti und sein Werk noch bekannter zu machen. Hierbei begleiten sie meine besten Wünsche.

Wallerstein, im Mai 2000   MORITZ FÜRST ZU OETTINGEN-WALLERSTEIN

Vorwort

Das kleine Fürstentum Oettingen-Wallerstein[1] erlebte in der zweiten Hälfte des 18. Jahrhunderts eine Zeit der musikalischen Blüte. Ein Vierteljahrhundert lang zählte Fürst Kraft Ernsts Hofkapelle zu den führenden Orchestern Deutschlands. Der Ruhm des »Schwäbischen Mannheim«[2] lockte berühmte Musiker ins Ries, unter ihnen auch die drei Hauptvertreter der Wiener Klassik: Haydn, Mozart und Beethoven.

Im vergangenen Jahr wurde anläßlich des 48. Deutschen Mozartfestes in der Zentralbibliothek der Universität Augsburg eine Ausstellung eröffnet, die anhand zeitgenössischer Text- und Bilddokumente, alter Instrumente und zahlreicher wertvoller Musikhandschriften und -drucke aus der Sammlung Oettingen-Wallerstein der Universitätsbibliothek die Geschichte der Wallersteiner Hofkapelle nachzuzeichnen versuchte. In diesem Jahr feiern wir den 250. Geburtstag von Antonio Rosetti, des wohl bedeutendsten Komponisten der Wallersteiner Schule. Dieses Jubiläum ist den Rieser Kulturtagen und der Internationalen Rosetti-Gesellschaft Anlaß, den böhmischen Meister italienischen Namens mit einem kleinen, aber feinen Festival zu ehren, in dessen Rahmen besagte Ausstellung, diesmal an historischer Stätte und teilweise verändert, erneut gezeigt wird.

Der vorliegende Band ist kein Ausstellungskatalog im eigentlichen Wortsinn. Er ist eher der Versuch, anhand ausgewählter Dokumente und eigener Texte, die in lockerer Folge aneinander gereiht sind, ein knappes Jahrhundert höfischer Musikpflege im Ries in einer Zeit des Übergangs, des Übergangs nämlich vom feudalen zum bürgerlichen Zeitalter vor unserem geistigen Auge lebendig werden zu lassen.

Mein Dank gilt in besonderem Maße dem Verein Rieser Kulturtage und seinem ersten Vorsitzenden, Herrn Dr. Wulf-D. Kavasch, für die großzügige finanzielle Förderung, die diesen Band möglich gemacht hat. Er richtet sich aber auch an den Verfasser des Geleitworts, S.D. Moritz Fürst zu Oettingen-Wallerstein, an den Leiter der Universitätsbibliothek Augsburg, Herrn Dr. Ulrich Hohoff, sowie an Kollegen und Freunde: Ursula Knab gestaltete Satz und Layout, Katharina Urch entwarf den Umschlag, in Dagmar Kracke und Peter Geffcken fand ich kritische Leser. Ihnen allen gilt mein herzlicher Dank, in den ich ausdrücklich auch die C. H. Beck'sche Buchdruckerei in Nördlingen einbeziehen möchte.

Stadtbergen, im Mai 2000   Günther Grünsteudel

[1] Wallerstein (um 1720)

Die frühesten Belege für ein Musikleben am Hofe der Grafen von Oettingen-Wallerstein stammen aus der Mitte des 18. Jahrhunderts. Im Nachlaßinventar Graf Johann Karl Friedrichs (* 10. Juni 1715 Augsburg, † 16. Juli 1744 Stuttgart) finden sich Hinweise auf eine Anzahl Musikinstrumente sowie einige hundert Musikalien, die sich in seinem Besitz befunden haben müssen, von denen aber heute jede Spur fehlt. Als 1745 sein jüngerer Bruder Philipp Karl (* 17. März 1722 Augsburg, † 14. April 1766 Wallerstein) an die Regierung kam, begann er sofort mit dem Aufbau einer eigenen Hofkapelle. Obwohl zahlenmäßig eher bescheiden im Vergleich mit anderen süddeutschen Kapellen jener Zeit, sind unter den Wallersteiner Hofmusikern doch auch relativ prominente Namen zu finden, wie der Oboist Johann Ignaz Klauseck (* vor 1720 Rakonitz/Mittelböhmen, † nach 1760), die Hornisten Friedrich Domnich (* 1728 Ofen, † um 1790 Würzburg) und Johann Türrschmidt[3] sowie Franz Xaver Pokorný und der spätere Hofmusikintendant Ignaz von Beecke, der 1759 nach Wallerstein kam.

[2] Graf Philipp Karl

[3] Wallerstein: Neues Schloß (um 1740)

In den ersten Jahren stand funktionale Musik im Vordergrund: Tafelmusik, Jagdmusik, Musik für den Gottesdienst. Seit den 1750er Jahren gehörten neben den Werken der Hofkomponisten (Klauseck[4], Pokorný, später Beecke und Karl Mysligowski[5]) beispielsweise auch Musik der Mannheimer Schule, Werke von Jan Zach (1699-1773), Niccolò Jommelli (1714-1774), Pieter van Maldere (1729-1768) und solche des älteren Mozart (1719-1787) zum

Repertoire. In Philipp Karls Todesjahr (1766) bestand die Kapelle aus zehn Musikern, darunter zwei Oboisten, zwei Hornisten und ein Fagottist; hinzu kamen etliche Bediente.

Franz Xaver Pokorný (* 20. Dezember 1729 Königstadtl/Böhmen, † 2. Juli 1794 Regensburg), neben Beecke der namhafteste unter den Hofkomponisten der frühen Jahre, kam nach Kompositionsunterricht bei Joseph Riepel (1709-1782) in Regensburg um 1751/52 als Geiger und Cembalist an den Hof Philipp Karls. Seine früheste erhaltene Sinfonie stammt aus dem Jahr 1753. Noch im gleichen Jahr erhielt er vom Grafen Urlaub, um sich in Mannheim weiterzubilden.

Berichte zum erstemahl, daß ich mit der Composit: glücklich furt fore, meiner Fleiis wohl anwenten Tuhe, wan nur der Capellmeister die Lection um etwas lenger mochet, daß sie nicht so kurtz wöre [...] was daß Beste und vor mich nützlichste sey, die opera von Jumeli, die ist wunderschön, do kan ich von dem Geschmag und Cantabilidet etwaß nodwendig ver waßen, was Efegt in der Composition giebt [...] ich kenne den Holtzbaur, Stamitz, Richter gar zu gutt, sie hoben die nemliche Theori, was ich beyn Ripel gelernt habe, allein sie schreiben schon lange zeit, haben die Practic wo ich eben durch die Tögliche Fleiis den Rechten grund Satz selbst suchen mueß, an bey melde daß in Monheim deüer zu leben sey [...] bis ich nocher zimer bekomen habe, bin ich im Wirtshaus gewesen 8 Tägen hab zallen müßen 11 fl. Die H. Musici die Viele Ehr von H. grafen empfangen haben, hatt mir keiner von alle das

[4] Franz Xaver Pokorný: Sinfonie D-Dur. Ms. (ca. 1760)

gwartier ongeboden, biß ich zimer bekumen hött: es gehet ein nicht gor zu gutt won einer
draußen sey ich worth mit schmerzen biß widrum heist, daß ich nocher Wallerstein soll [...]
Der H: Capelmeister hat wenig miehe mit miehr er sagt freiilich ich hött die Fundam: aber
ich möcht doch haben, daß er Bessere Fleiiß mit miehr zubringet [...] biß den 20 Marti
glaub ich daß ich wollte wieder nocher Haus gehen (wohlen einige haben und zwar der Rich-
ter, ich solt in monheim bleiben biß noch Ostern [...] bitte um forzeiung daß ich ihne in
Comediere mit so schlechte schrieft, womit verbleibe mein hochgebohrn: H: gehorsamster
Diener Frantz Pokorny

[5] Pokorný an Graf Philipp Karl (Mannheim, 4. Februar 1754)

Im April 1754 kehrte Pokorný nach Wallerstein zurück, wo er später auch als
»musica Director« fungierte.[6] Nach dem
Tod des Grafen (1766) kam er um Urlaub ein, welcher ihm gewährt und in der
Folge mehrfach verlängert wurde; 1770
wechselte er an den Hof des Fürsten
von Thurn und Taxis in Regensburg, wo
er sich auch die vorangegangenen Jahre
häufig aufgehalten hatte. Etliche seiner
zahlreichen Sinfonien und Solokonzerte
schuf er für die Wallersteiner Kapelle,
nahm sie aber offensichtlich mit, als er
nach Regensburg ging; in der Oettingen-
Wallersteinschen Bibliothek haben sich
nur zwei seiner Sinfonien erhalten.

[7] Ignaz Holzbauer

[6] Ignaz Holzbauer: Partita D-Dur. Ms. (ca. 1760)

Graf Philipp Karl unterhielt gute Beziehungen zur Mannheimer Hofkapelle,
deren instrumentale Meisterschaft auch im Ries bewundert wurde. Die Mitglie-

der der älteren »Mannhei-
mer Schule« übten starken
Einfluß auf den musikali-
schen Stil ihrer Wallersteiner Komponistenkollegen
aus. Werke von Ignaz Holzbauer (1711-1783), Franz
Xaver Richter (1709-1789)
und Johann Stamitz (1717-
1757), aber auch von An-
ton Filtz (1733-1760) oder
Giuseppe Toeschi (1731-
1788) gehörten zum
Standardrepertoire. Franz

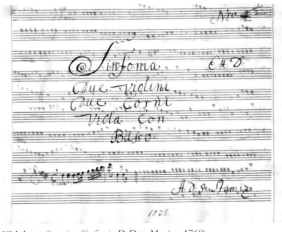

[8] Johann Stamitz: Sinfonie D-Dur. Ms. (ca. 1760)

[9] Franz Xaver Richter: Sinfonie G-Dur. Ms. (ca. 1750)

[10] Niccolò Jommelli

Xaver Richter etwa übersandte dem Grafen im Jahr 1754 je sechs Sinfonien und Hornkonzerte.

Bis in die 1770er Jahre bestanden gute Kontakte auch zur Hofkapelle des Herzogs von Württemberg in Stuttgart und Ludwigsburg. Niccolò Jommelli, ihr musikalischer Leiter zwischen 1753 und 1769 und zu der Zeit einer der gefragtesten Komponisten Europas, hatte die Kapelle zu einem der bedeutendsten Orchester Europas herangebildet. Einige Jahre nach seiner Rückkehr in seine neapolitanische Heimat wechselten die Stuttgarter Hofmusiker Johann Anton Hutti (Violine) und Johann Georg Nisle (Horn) nach Wallerstein.

[11] Niccolò Jommelli: Sinfonia zu »Didone abbandonata«. Ms. (ca. 1770)

Die Verbindungen Philipp Karls zu Leopold Mozart reichen bis in die frühen 1750er Jahre zurück. Mozart war für die gräfliche Kapelle offensichtlich ein sehr wichtiger Komponist: Die Oettingen-Wallersteinsche Bibliothek enthält insgesamt 30 seiner Werke (vor allem Sinfonien) in zeitgenössischen Abschriften. Einige da-

[12] Schloß Ludwigsburg

[13] Leopold Mozart: Sinfonia pastorale G-Dur. Ms. (J. F. Pater, 1751)

[14] Leopold Mozart (1756)

von wurden von dem Münchener »Hofmusicus« und Kammerkopisten Joseph Ferdinand Pater (um 1713-1793) angefertigt. Ihre Übersendung nach Wallerstein veranlaßte der Komponist teilweise wohl selbst.

[15] A. C. Gignoux

Monsieur Gignox [7] will ein paar neue Pastorell Synfonien? ich glaub er meint sie sind immer so fertig, wie das brod auf dem Laden liegt. denn itzt geschwind solche zu machen hab ich nicht allemal Zeit. Und diess muß er selbst glauben, weil er meint ich hätte nicht einmal Zeit einen Brief von ihm durchzulesen. wissen sie, ich hab zwar eine nagelneue Pastorell Synfonie: allein, ich sage es aufrichtig, ich gieb sie nicht gerne her; denn ich dachte sie nach Wallerstein nebst anderen Stücken zuschicken. Ich dachte sie also recht wohl anzubringen. Es ist ein Hirten Horn und 2 Flutotraversi obligat dabey. Soll ich es denn schicken? Basta! ich will es mit nächster Post schicken.

[16] Leopold Mozart an Johann Jakob Lotter[8] (Salzburg, 15. Dezember 1755).

Der flämische Komponist und Geiger Pieter van Maldere, »Kammervirtuose« des Generalgouverneurs der Südlichen Niederlande, Carl von Lothringen, eines Schwagers der Kaiserin Maria Theresia, war zu seiner Zeit mit seinen Sinfonien, die stilistisch von Johann Stamitz beeinflußt sind, überaus erfolgreich. Seine Bedeutung für die vorklassische Sinfonie ist noch nicht erforscht. Er hat aber sicherlich - u.a. durch die Einführung des zweiten Themas - zur Entwicklung der Sonatenhauptsatzform beigetragen.

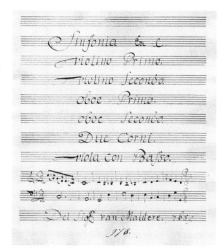

[17] Pieter van Maldere: Sinfonie C-Dur. Ms. (1765)

Der kurmainzische Hofkapellmeister Jan Zach war 1750 wegen eines Gemütsleidens von seinem Amt suspendiert worden und führte ab 1756 ein unstetes Wanderleben, das ihn immer wieder auch durch Süddeutschland führte. Mitte Januar 1773 taucht sein Name in den Wallersteiner Hofhaltungsrechnungen auf: *Auf Verehrung [...] Dem Musico Zach. Douceur auf gnädigsten Befehl, w.R. de 16: Jan: 22 fl.*[9] Diese »Verehrung« von 22 Gulden erhielt er wohl für eine Komposition, die er dem fürstlichen Hause dediziert hatte. Zach starb am 24. Mai 1773 73jährig im nahen Ellwangen.

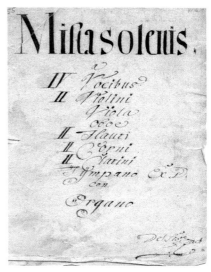

[18] J. Zach: Missa solemnis d-moll. Ms. (ca. 1760)

Kapitel II. Die Blütezeit
II.1. Fürst Kraft Ernst

Seine Blütezeit erlebte das Wallersteiner Orchester unter Graf Philipp Karls ältestem Sohn Kraft Ernst Thaddäus Notger (* 3. August 1748 Hohenaltheim, † 6. Oktober 1802 Wallerstein).

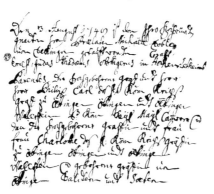

[19] Taufeintrag des Erbgrafen Kraft Ernst[10]

[20] Kraft Ernst (1756)

Die musikalischen Neigungen des Erbgrafen waren schon früh ausgeprägt und erfuhren alle erdenkliche Förderung: Die Hofmusiker Pokorný (vgl. Kapitel I) und Sebastian Albrecht Link († 1795) und der Chorregent Johann Steinheber (1721-1807) erteilten ihm Instrumentalunterricht. 1759 machte der Graf den Dragonerleutnant Ignaz von Beecke zum persönlichen Adjutanten seines Sohnes. 1761-1766 absolvierte Kraft Ernst die Herzoglich Savoyische Ritterakademie in Wien, wo er bei dem »Klaviermeister« Pietro Urbani auch seine musikalische Ausbildung vertiefen konnte. Im Anschluß daran besuchte er die Universitäten Göttingen und Straßburg. Bereits im Januar 1767 äußerte der damals 18jährige gegenüber seinem Hofmeister den Wunsch, einmal eine eigene Hofkapelle aufbauen zu wollen. Ab 1768 bereiste er auf seiner mehrjährigen »Kavalierstour« England, Frankreich und Italien und hatte dabei Gelegenheit, erstklassige Orchester und bedeutende Musikerpersönlichkeiten kennenzulernen, unter ihnen Vater und Sohn Mozart, denen er 1770 in Rom und Neapel persönlich begegnete.

[21] Rom: Palazzo Barberini

J'ai vû aujourd'hui, mais pas entendu jouer du Clavecin le jeune Mozard de Salzbourg, il connait Beeke, il composera cette année à 13 ans un opera à Milan. (Rom, 28. April 1770)

Jeudi 3. je fus le soir chez la Princesse Doria, et le Comte Gunsco me mena chez une certaine Me. Doria, Bourgeoise, où j'entendi le jeune Mozart, il fait de Choses étonnentes. (Rom, 5. Mai 1770)

Le soir je fus chez le Gouverneur pour parler á Cause de la Monica, de la chez l'Ambassadrice de Venice, où j'entendis le jeune Mozart. (Rom, 9. Mai 1770)

Le soir nous fumes à un Concert, que donnait le jeune Mozart, c'est un vrai Prodige pour la Musique. (Neapel, 29. Mai 1770)

[22] Kraft Ernst an seine Mutter

[23] Die Bucht vor Neapel (1765)

[24] Gräfin Charlotte Juliane (um 1780)

Am 3. August 1773 trat Kraft Ernst die Regierung über seine erblichen Lande an. Am 25. März 1774 erhob Kaiser Joseph II. die Grafschaft Oettingen-Wallerstein zum Fürstentum. Fünf Monate später (am 25. August) heiratete der junge

[25] Kraft Ernst und seine erste Gemahlin (1776)

Reichsfürst auf Schloß Trugenhofen bei Dischingen Marie Therese, Prinzessin von Thurn und Taxis (* 10. Juli 1757 Regensburg, † 9. März 1776 Wallerstein). Zeitgleich mit der Übernahme der Regierungsgeschäfte begann Fürst Kraft Ernst auch mit dem Wiederaufbau der Hofkapelle, die nach dem Tod des Vaters während der Regentschaft seiner Mutter, Gräfin Charlotte Juliane (* 25. Oktober 1728 Baldern, † 2. Januar 1791 Bissingen), vernachlässigt worden war. Der Vertraute von Beecke wurde zum Hofmusikintendanten ernannt und mit umfassenden Kompetenzen ausgestattet. Die Mannheimer Hofkapelle, eines der berühmtesten Orchester des 18. Jahrhunderts, zählte zu den großen Vorbildern. Binnen kurzer Zeit saßen an den Pulten exzellente junge Musiker, die entweder bereits einen Namen hatten, oder eben im Begriff waren, sich einen solchen zu erwerben, unter ihnen die Geiger Anton Janitsch und Anton Hutti, der Oboist Joseph Fiala, der Cellist Joseph Reicha, der Kontrabassist Antonio Rosetti sowie die Hornisten Johann Türrschmidt[11] und Johann Nisle. Das Durchschnittsalter der Musiker, von denen etliche auch als Komponisten hervortraten, betrug um 1774, sieht man von den beiden Hornisten ab, weniger als 25 Jahre. Der Anteil böhmischer Musiker (Fiala,

[26] Das fürstliche »Lustschloß«

Janitsch, Reicha, Rosetti, Türrschmidt u.a.) war von Anfang an bemerkenswert hoch und sollte es während der gesamten Blütezeit der Kapelle auch bleiben. Kraft Ernsts Ehrgeiz, ein Orchester zu schaffen, das sich mit jedem anderen in Deutschland messen konnte, ließ die Wallersteiner Hofkapelle zu einem Eliteensemble zusammenwachsen, dessen *Vortrag Seelensprache* war:

Die vortrefliche Kapelle, die Er [Beecke] in Wallerstein gebildet hat, zeugt von dem Einfluß eines solchen Genies auf seine Untergebene. Ihr Vortrag ist Seelensprache, und wer dabey ungerührt bleiben kann, ist alles musikalischen Eindrucks gewiß unfähig. Nur schade, daß sie jetzt zertrennt ist. Sie wieder zu versammeln, und, wie es bisher geschehen, durch Belohnungen zu ermuntern und zu unterstützen, wird ihren Fürsten vor den Augen aller Musikliebenden unsterblich machen.

[27] S. Frhr. von S.[12]: Etwas von der Musikalischen Edukation, in: Der Teutsche Merkur Dec. 1776, S. 220

Was war geschehen? Im März 1776 hatte Kraft Ernst einen schweren Schicksalsschlag erlitten: Seine junge Gemahlin war nach kurzer Ehe im Alter von nur 19 Jahren nach der Geburt ihrer Tochter Friederike gestorben. Die Trauer des Fürsten über diesen Verlust war so groß, daß er nach den Beisetzungsfeierlichkeiten sämtliche Aktivitäten der Hofmusik einstellen ließ. Er selbst übersiedelte für mehrere Monate nach Metz. *Mein gar zu hartes Unglück*, äußerte er, *geht mir viel zu nahe, als daß ich länger im Stande mich befinde, bei meinen ohne dem zerrütteten Finanzen Etat mich hier aufzuhalten: mein Herz sucht die Stille.*[13] Auch nach seiner Rückkehr aus

[28] Kraft Ernst u. Friederike (1783)

Lothringen scheint es bei Hofe nur ein sehr eingeschränktes Musikleben gegeben zu haben. Etliche der besten Musiker verließen Wallerstein für immer.

Zeitgenossen charakterisieren Kraft Ernst als einen Mann der Gelehrsamkeit und des guten Geschmacks.[14] Seine kostspieligen Neigungen, die neben der Musik auch dem Sammeln von Büchern und Kunstschätzen galten, brachten das kleine Fürstentum zeitenweise in arge finanzielle Bedrängnis. Karl Heinrich Ritter von Lang (* 7. Juli 1764 Balgheim, † 26. März 1835 Ansbach), in seiner Jugend mehrere Jahre in Kraft Ernsts Diensten, hinterließ in seinen Memoiren ein facettenreiches Charakterbild des Fürsten, dessen Sammelleidenschaft nicht immer planvoll zu nennen war: 1785 sollen sich Friedrich Zoepfl zufolge in der fürstlichen Bibliothek nicht weniger als 3446 Dubletten befunden haben.[15] Langs (launige) Schilderungen der Persönlichkeit Kraft Ernsts und des Wallersteiner Hoflebens in den 1780er und frühen 1790er Jahren seien im folgenden etwas ausführlicher zitiert.

[29] Fürstin Marie Therese

[30] Ritter von Lang

Der Fürst Kraft Ernst war ein Mann von vielem Geist, schöner äußerlicher Gestaltung und Gewandtheit, nicht ohne einigen fürstlichen Stolz, mit manichfachen unruhigen Launen, im äußerlichen katholischen Cultus zwar dem Ansehen nach sehr eifrig, aber in der Wahl seiner Diener und ihrer Behandlung nichts weniger als bigot und pfäffisch. Seine frühere wissenschaftliche Bildung war eine französische, und von eigentlicher classischer und deutscher Literatur wußte er wohl nur so viel, was er mit wohlberechneter Verschlagenheit sich von seiner Umgebung anzueignen verstand. Gleichwie er nun in eine gewisse Leidenschaft zu Sammlungen der verschiedensten Art gerieth, von Gemälden, Geschmuck, Leinwand, Reitzeugen, so sollte sich nun auch eine anständige fürstliche Bibliothek bilden, mit deren kleinstem Detail er sich angelegentlich beschäftigte. Man brachte daher alle einzelnen zer-

[31] Fürst Kraft Ernst (1794)

streuten Bibliotheken von dem alten Fürsten von Oettingen-Oettingen, von einem Grafen Wolfgang, der Reichshofrath und Gesandter am Türkischen Hof gewesen, von einem Grafen von Baldern, der Dom-Probst in Köln war, eine sehr bedeutende und ausgesuchte zusammen, man kaufte Incunabeln, Bibeln, Psalter von Mannheimer und Augsburger fleißig herbeikommenden Antiquaren, und bestellte alle neu herauskommenden Werke, die französischen und englischen bei Fontaine in Mannheim, die andern bei den Buchhändlern in Ulm, Augsburg, Nördlingen. Weil aber diese Bestellungen ohne alle wechselseitige Rücksprache vom Hof-Kaplan, vom Leibarzt, vom Cabinetssecretair und von dem Oekonomie-Rath Kramer ausgingen, und die Buchhändler ihre Artikel dazu noch unaufgefordert einschickten, welches alles man ohne alle Sichtung sogleich zum Buchbinder lieferte, so geschah es, daß sich viele Werke nicht doppelt, sondern achtfach, dann wieder Zwischenteile und Fortsetzungen gar nicht vorfanden; eine Folge der fürstlichen Eifersucht und Laune, die keinem seiner Diener in irgend einem Geschäft eine vollständige Übersicht lassen, sondern durch Zerstückelei und beständigen Wechsel der Personen desto sicherer der Sachen allein Meister bleiben wollte. [...]

[32] Kraft Ernst (1789)

Unsere [d.h. der Bibliotheksgehilfen] Verrichtung war, vollständig und diplomatisch genau auf lauter einzelnen Bogen (wenigstens für jeden Verfasser) die Titel abzuschreiben, im Bauer, Vogt nachzuschlagen, ob es kein seltenes Buch, dann, ob es nicht schon mehrfach vorhanden, defect oder dergleichen sei, hierauf die Bogen in die Fächer alphabetisch einzureihen, in die Bücher aber lange Streifen, mit den Auffschriften: Libri rarissimi, rarus, in duplo, triplo, defect, incomplett u.s.w. zu legen, und sie alle auf einer langen Tafel zu ordnen, an welcher dann der Fürst, gewöhnlich des Nachts um zwei oder drei Uhr, in Begleitung eines Cavaliers, den er oft stundenlang neben sich stehen ließ, erschien, in seinem Lehnstuhl ausgestreckt Alles durchmusterte, besonders, ob sich recht viele Libri rarissimi gefunden, dabei mitunter einschlief, oder außerdem auch in den Büchern selber las, besonders wo ihm etwas

Pikantes oder Schnurriges auffiel, wohin wir nicht selten mit angelegten weißen Zetteln hin-
wiesen. Nicht minder wurden bei diesen nächtlichen Büchermusterungen den Beamten, Jägern,
Kaufleuten, die schon seit dem Morgen in den Vorsälen harrten, Audienzen gegeben, Vorträ-
ge in Regierungssachen angehört, die Stallwache überfallen, oder auch andere romantische
Nachtronden gemacht. Traf nun der Fürst bei Nacht den Büchertisch, seiner Meinung nach,
nicht voll genug, so schob er dies auf meinen Unfleiß, ohne zu bedenken, daß oft ein einziger
Quartant, der aus der Zeit der Reformation, oder des dreißigjährigen Krieges, sechzigerlei
Flugschriften mit den weitläufigsten, abenteuerlichsten Titeln enthalten konnte, ein paar Tage
Arbeit für sich allein erforderte. In solchen Fällen blieb mir also nichts übrig, als schon bear-
beitete Bücherhaufen noch einmal aufzutischen, und fleißig Zettel mit Liber rarissimus, oder
für Reserve-Schnurren hineinzustecken.
[33] Karl Heinrich von Lang: Memoiren. Bd. 1. Braunschweig 1842, S. 56 ff.

Der Fürst legte großen Wert darauf, daß seine Bücher ein geschmackvolles Äußeres erhielten. Die für ihn gefertigten Einbände sind auf den ersten Blick erkennbar, wenngleich das Leder (Kalbs-, Schaf-, Ziegenleder) auch mannigfache Färbungen und unterschiedlichste Tönungen aufweist. Auf den Rückenschmuck - es handelt sich stets um Goldprägung - ist, wie in der zweiten Hälfte des 18. Jahrhunderts

[34] Einband aus Fürst Kraft Ernsts Bibliothek

üblich, das Hauptgewicht gelegt. Gegenüber dem Rücken (mit goldgeprägtem Rückentitel) sind die Einbanddeckel im Schmuck zurückhaltend. Neben Kantenvergoldung und goldgeprägten Rahmen auf den Deckeln zeigen sie nur das Fürstenwappen mit dem Monogramm »C[raft] E[rnst] Z[u] O[ettingen] W[allerstein]« oder »P[rince] O[ettingen] W[allerstein]«. Für den Vorsatz wurde marmoriertes Papier bevorzugt, der Schnitt ist meist vergoldet. Hinzu kommen goldgeprägte Supralibros mit Monogramm. Wer den Einbandschmuck entworfen hat, ist nicht bekannt; sicherlich sind französische Vorbilder maßgebend gewesen. Gefertigt wurden die Einbände in Wallerstein.

[35] Kraft Ernst (1790)

Dabei war des Fürsten Art zu arbeiten diese, daß er alle an ihn eingehende Berichte, nach-
dem er sie geöffnet, neben seinem Schreibtisch so hoch aufschichtete, als er mit seinem Arm
reichen konnte. Hatten aber die Geschäfte diese Höhe erreicht, so wurde beschlossen, den
Stoß wieder kleiner zu machen. Im plaudernden Auf- und Abgehen zog also der Fürst bald
oben, bald unten, bald in der Mitte einen Bericht hervor, griff schnell den Gegenstand auf,
erlauerte jede Gelegenheit, wo vielleicht gerade das Gegentheil von dem, worauf die Collegien
angetragen, durchzusetzen möglich wäre, bemerkte dann mit einem Silberstift in wenigen tref-
fenden Worten seinen Beschluß, und gab mir die Sache zum Expediren. In solcher Weise be-
kam ich gewöhnlich an die 30 Sachen mit nach Hause. Allein damit standen sie noch sehr

[36] Fürst Kraft Ernst (1789)

im Weiten; denn so wie ich sie dem Fürsten beim Levers des nächsten oder des nachfolgenden Tages zurückbrachte legte er auf der andern Seite seines Schreibtisches so lange einen neuen eben so großen Stoß von Concepten an, bis entweder eine längere Reise oder der Zug auf ein Sommerschloß zu Abmachung der alten Reste trieb, oder die Maurer und Tapezierer den Platz frei haben wollten. Dann ging es aber an ein tumultuarisches Hinunterschleudern in die Kanzlei. Leider erwuchsen jedoch aus diesen schockweis an die Collegien fliegenden Kabinettsentschließungen beinahe wieder eben so viele neue Drachenköpfe. Die Regierung nämlich, empfindlich darüber, daß oft in den nöthigsten Sachen die Beschlüsse jahrlang ausblieben, glaubte den Fürsten sein Unrecht dadurch fühlen zu lassen, daß sie endlich alle Monate, mit abschriftlicher Beilage des ersten Berichts, in jeder einzelnen Angelegenheit eine neue Erinnerung abgehen ließ. Dadurch machten sie aber die Sache erst recht schlimm. Denn indem der Fürst diese Erinnerungsberichte ebenfalls auf den großen Stoß legte, so konnte es nicht fehlen, daß, so wie er im Verfolg entweder den ersten Bericht oder die späteren Erinnerungsberichte herauszog und auf jeden derselben besonders resolvirte, am Ende in derselben Sache oft fünf- und sechserlei verschiedene Entschließungen unter demselben Expeditionsdatum ankamen. [...] Manche Sache konnte auf diese Art schlechterdings zu gar keinem Ende gelangen. Ich weiß einen armen Teufel, der viele Jahre lang im Kerker zu Harburg saß, weil die Regierung nicht wußte, welches von den vorliegenden Urtheilen sie an ihm sollte vollziehen lassen, ob als Dieb ihn hängen, auspeitschen, ins Zuchthaus setzen, des Landes verweisen, oder mit angerechneter Arreststrafe zu entlassen. Am Ende hat er selbst den Gescheidtern gemacht und ist ausgebrochen.

[37] Karl Heinrich von Lang: Memoiren. Bd. 1. Braunschweig 1842, S. 203-205

Karl Heinrich von Lang war 1780-1782 Bibliotheksgehilfe des Fürsten Kraft Ernst. Nach dem Jurastudium trat er dann zunächst in Oettingen-Spielbergische Dienste (1785-1788) und war 1790-1792 Hof- und Kabinettsekretär Kraft Ernsts. Anschließend wechselte er als Verwaltungsjurist und Archivar in preußische (Bayreuth, Kulmbach, Ansbach) und 1806 in bayerische Dienste (Ansbach, München). Seine posthum veröffentlichten Memoiren wurden ihrer pointierten Formulierungen und ihres Sarkasmus wegen früher - völlig zu Unrecht - mehr als Dichtung denn Wahrheit abgetan.

Jeden Morgen um 11 Uhr, wenn's glücklich ging, öfters auch um 2 Uhr, war Lever beim Fürsten, wo, sobald der Kammerdiener die Flügel des Schlafgemachs öffnete, Alles, was unterdessen stundenlang im Vorzimmer gewartet, hereintrat, der Marschall, der Stallmeister, der Leibarzt, wir Secretaire, die Hofjäger und andere anwesende Fremde. Jeder suchte, sobald ihn der Fürst, der jetzt unter den Händen seines Haarkräuslers saß, besonders anredete, welches immer mit schmeichelnden Worten, z.B. mein lieber Lang, geschah, etwas Munteres oder Neckhaftes vorzubringen. Sobald sich der Fürst vom Stuhl erhob und noch sonst an Einen

oder den Andern kleine Weisungen ertheilte, entfernte sich jeder, der nicht zu bleiben beson-
ders beordert wurde. Der Fürst begab sich dann meistens zu seiner Familie, eilte darauf in
die Messe und gab dann Audienzen bis zur Tafelzeit, die höchst ungewiß, oft erst spät gegen
Abend begann. Nach der Tafel machte er gewöhnlich einen Spazierritt auf eine Meierei oder
ein Jagdhaus, gab dann zu Hause wieder eine oder mehrere einzelne Audienzen oder auch
sonst nur eine gesprächsweise Unterhaltung im Zimmer, mit irgend Einem, der bestellt war
oder sich geschickt zu nähern wußte; ein Spiel oder Cercle, öfters auch Concert, das von kei-
nem Höfling leicht versäumt werden durfte, und wo sich der Fürst bei den Anwesenden gleich-
falls wieder Gespräch und Unterhaltung suchte. Die Nachttafel, nie vor Mitternacht anfan-
gend, ging schnell vorüber, von der sich der Fürst einen der Gäste zurück auf sein Zimmer
nahm, sofern er sich nicht mit denen begnügen wollte, die noch um 2 oder 3 Uhr Nachts in
seinem Vorzimmer harrten. Nicht selten ging er an den armen Märtyrern vorüber, als sähe
er sie nicht, fing an, in seinem Kabinett zu lesen und zu unterzeichnen oder durch die Hinter-
thür auf einen kühlen Spaziergang zu entwischen, oder in seinem Armstuhl einzuschlafen,
welches uns im Vorzimmer nachzuthun auch erlaubt war. Ich sage uns, weil leider dieser Ge-
nuß nicht selten mich selber traf, sobald ich im Drange der Andern nicht mit vorkommen
konnte, oder vom Fürsten, der jeden in der Geduld zu üben wußte, recht geflissentlich überse-
hen wurde. [...] Ein Herr von Brecke [sic][16] aus Mannheim, ein feiner Mann, ein Schüler
von Gluck und für nichts als Musik lebend, dirigirte die Kapelle des Fürsten, die in großem
Rufe stand und damals auch einen berühmten Componisten an Rosetti hatte, einem schwäch-
lichen, kleinen und kindlich guten Menschen. Als Titulum mensae hatte Herr von Brecke
die Stelle eines öttingischen Dragonerhauptmanns beim schwäbischen Kreise. [...] Die Kapelle
war von der Art, um selbst einem großen Kenner reichen Genuß zu geben.

[39] Karl Heinrich von Lang: Memoiren. Bd. 1. Braunschweig 1842, S. 200 f., 219 f.

[38] Kraft Ernst (1782)

[40] Fürst Kraft Ernst mit
englischer Dogge (um 1790)

II.2. DAS ENSEMBLE

Nach Jahren der musikalischen Enthaltsamkeit scheint Fürst Kraft Ernst sich um 1780 wieder für seine Hofkapelle interessiert zu haben; möglicherweise war sein *zerrütteter Finanzen Etat* erst jetzt soweit konsolidiert, um hier Handlungsfreiheit zu gewähren. Die verwaisten Pulte der Kapelle wurden wiederbesetzt. Auch unter den neuverpflichteten Musikern waren Meister ihres Instruments wie der Oboist Gottfried Klier, der Fagottist Christoph Hoppius oder die Hornisten Joseph Nagel und Franz Zwierzina, denen der Fürst Gehälter zubilligte, die weit über dem lagen, was ihre Wallersteiner Kollegen verdienten. Die eigentliche Blütezeit der Hofkapelle nahm ihren Anfang, die bis in die späten 1790er Jahre andauern sollte. Der Publizist Christian Friedrich Daniel Schubart (1739-1791) schwärmte um 1784 vom Klang des Orchesters:

Seitdem dieses uralte gräfliche Haus in den Fürstenstand erhoben wurde, seitdem blüht die Musik daselbst in einem vorzüglichen Grade. Ja der dort herrschende Ton hat ganz was Originelles, ein gewisses Etwas, das aus welschem und deutschem Geschmack, mit Caprisen durchwürzt, zusammen gesetzt ist. [...] Zum Ruhme des Wallersteinschen Orchesters verdient noch angemerkt zu werden, daß hier das musikalische Colorit viel genauer bestimmt worden ist, als in irgend einem andern Orchester. Die feinsten und oft unmerklichsten Abstufungen des Tons hat besonders Rosetti oft mit pedantischer Gewissenhaftigkeit angemerkt.

[41] C. F. D. Schubart

[42] Christian Friedrich Daniel Schubart: Ideen zu einer Ästhetik der Tonkunst. Wien 1806, S. 166, 169

[43] Schloß Hohenaltheim (1790)

Im Mittelpunkt des Musiklebens bei Hofe standen die Konzerte, die jeden Sonntag in Wallerstein und während der Sommer- und Herbstmonate in Hohenaltheim gegeben wurden. Zwei Konzertprogramme aus dem Jahr 1786 - es sind, soweit man weiß, die beiden einzigen erhaltenen - zeigen, daß sie normalerweise sinfonisch begannen und schlossen; dazwischen waren Solokonzerte, Arien oder Duette zu hören. Zusätzlich zu den sonntäglichen »Liebhaber Concerten« ordnete der Fürst gelegentlich eine Darbietung nach der Tafel an. Daneben wirkten die Mitglieder der Hofkapelle in der örtlichen Kirchenmusik mit, sie musizierten bei Hoffesten, sie begleiteten die Auftritte gastierender Virtuosen und gaben Freiluftserenaden. Ein eigenes Operntheater leistete sich Kraft Ernst wohl aus Kostengründen nicht. Kantaten- und

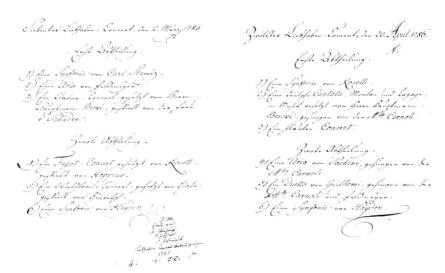

[44] Programme der »Liebhaber Concerte« vom 2. März und 20. April 1786[17]

Oratorienaufführungen fanden gelegentlich in der fürstlichen Reitschule statt, über Operndarbietungen am gleichen Ort ist nichts bekannt. Die Hof- und Kirchenmusik verfügte nur über ein bescheidenes Vokalensemble, bestehend aus Bedienten, Mitgliedern des Hoforchesters und deren Angehörigen, dessen Möglichkeiten für derartige Herausforderungen wohl kaum ausreichend waren.

Hofmusikintendant von Beecke fungierte als Leiter und Koordinator der musikalischen Aktivitäten. In dieser Eigenschaft unternahm er zahlreiche Reisen in auswärtige Musikzentren, wo er »musikalischer Botschafter« (Sterling E. Murray) seines Fürsten auftrat. Dem Intendanten nachgeordnet war der Kapellmeister, der das Orchester bei Proben und Aufführungen anführte. Zunächst übte Joseph Reicha dieses Amt aus; auf ihn folgte 1785 Rosetti, der das Ensemble wohl auch unter Reicha oft geleitet hatte und dem Zeitgenossen (u.a. Schubart) das Hauptverdienst an seinem glänzenden Niveau zuschrieben; von 1789 bis 1800 stand Georg Feldmayr der Kapelle vor. Für Reicha und Feldmayr ist die Kapellmeistertätigkeit nur indirekt belegt, beide werden in den Akten nie als solche bezeichnet, und auch Rosetti erscheint in den Quellen erst 1788 ausdrücklich in dieser Funktion.

Zwei zeitgenössische Dokumente enthalten wichtige Informationen über die Wallersteiner Kapelle auf dem Höhepunkt ihres Ruhms: Nach Reichas Weggang im April 1785 erstellte der designierte Kapellmeister Rosetti eine Liste des regulären Personals mit Angabe der Gehälter und Vorschlägen zu deren Anhebung (Nr. 48); 1788 erschien in der »Musikalischen Real-Zeitung« ein weiteres Personalverzeichnis (Nr. 53). Diesen Quellen zufolge zählte die Kapelle zu jener Zeit durchschnittlich 25 Musiker, was der damals gängigen Orchester-

[45] Fürstliche Reitschule (1741/51)

besetzung im wesentlichen entspricht[18]: je fünf erste und zweite Violinen, drei Violen, ein Violoncello[19], zwei Violonen/Kontrabässe sowie je zwei Flöten, Oboen, Fagotte und Hörner. Auch Klarinetten, Trompeten und Pauken waren verfügbar. Im Bedarfsfall kamen hier Musiker zum Einsatz, die mehrere Instrumente beherrschten - eine zur damaligen Zeit absolut gängige Praxis. Außerdem wurde die örtliche Militärmusik bemüht.

BEMERKUNG zu Errichtung einer Circhen Musik mit Zuziehung des Hof-Orchestre
Nach getroffenem Arrangement in der ChorRegentschaft könte nicht nur denen Sängern und Sängerinnen ein jährliches in Claßen getheiltes Salarium, sondern auch einigen vom Orchestre, deren Verdinst villeicht bisher nicht genug belohnt ist von der Heiligen Pflege eine Zulaâge gegeben werden.

[46] Antonio Rosetti

Das Personale wäre folgendes:			*Dermahlige Besoldung*	*Zulaâge*
			fl.	*50-60.*
	3 Discantisten	*der erstbeste*		*25 fl*
		Madame Feldmayer	-	*25-36*
		2te		*15.*
		Madame Weixelbaum	-	*15-25*
		3te vacat	-	*10.*
				40.
	3 Altisten	*der erstbeste*		*25*
		Mlle Steinheber		*25-30*
Sänger		*2te*		*15.*
		Ruppin	-	*15-20*
		3te vacat	-	*10.*
	2 Tenoristen	*1te Feldmayer [20]*	*334. fl*	*25.*
				36-40
		2te vacat	-	*15.*
	2 Baßisten	*1te Betzler [21]*	*132.*	*25.*
		Meißrimel [22]	*150.*	*15.50.*

N: Sollten sich einige in der Folge so weith hervorthun, daß solche bey Hofe als Sänger gebraucht werden könten, würde Se Hochfürstl. Durchlaucht dieselbe bey der Hofcaßa in eine beträchtliche dem Talent angemessene Besoldung setzen.

Organist	*Ein Substitut*		-	-
	Rosetti [23]		*396 fl [24]*	-

Violinisten bey der ersten Violin	Janitsch als erster Geiger		300 fl	100.
	Hammer jun:		144.	156.
	Linck sen:		354.	Ruh.
	Dietmann, sogenante Glaserle		12.	Livrée
	Gerstmayer jun		-	150.
Violinisten bey der zweyten Violin	Hammer sen:		284.	-
	Janota	Pension	108.	-
	Gerstmayer sen:		-	-
	Link Xav: jun:[25]		132.	-
	Bär[26]		96.	54
	Linck der jüngste		-	50
Oboisten	Klier			
	mit denen 75 fl vom Oberamt Wallerstein		315.[27]	25
	Weinhöppel, Tambourgehalt		-	84
	Zulaâge		36	42.
Flautisten	Ernst sen:[28]		218[29]	32.
	Ernst, calcant[30]		43.	Livrée
Wald-hornisten	Zwierzina		400.[31]	-
	Nagel		400.[32]	-
Fagottist	Hoppius		400.[33]	
Violist	Türrschmiedt[34]		317[35]	-
Violoncellist	Winneberger		144.	156.
Contrabaßist	Franz Marx[36]		156.	-

[47] Schloß Wallerstein

Zu Anschaffung nöthiger Musikstücke und Unterhaltung der Kirchen Instrumenten, Ankauf der Saiten, beyläufig, jährl. 200. fl, obwohl sich dieser artikel nicht vorauß bestimmen läßt
[48] Antonio Rosetti an Fürst Kraft Ernst (Wallerstein, 4. Mai 1785)

Ein Wort zur Einkommenssituation: Der auch international erfolgreiche Rosetti etwa erhielt zuletzt rund 400 Gulden (und 2 Malter Getreide) pro Jahr. Dabei handelte es sich für Wallersteiner Verhältnisse um ein »Spitzeneinkommen«, wie es außer ihm während der 1780er Jahre nur noch einigen exponierten Bläsern zuerkannt wurde.[37] Die anderen Gehälter lagen zum Teil erheblich darunter. Nach seiner Berufung zum Hofkapellmeister des Herzogs von Mecklenburg-Schwerin in Ludwigslust 1789 stieg sein Einkommen auf 1100 Reichstaler, was etwa 1650 Gulden entspricht. Damit erhielt er in seiner neuen Position etwa das vierfache seines bisherigen Salärs, Nebeneinkünfte, Naturalzuwendungen

[49] Schloß Ludwigslust

[50] Rosetti: »Bemerkung« (4. Mai 1785)

und das Haus, das der Herzog ihm großzügig zur Verfügung stellte, nicht eingerechnet.[38] Eine Möglichkeit zur Aufbesserung ihrer Gehälter sahen die Hofmusiker in »Konzertreisen«, während derer sie zusätzliche Einkünfte erzielen konnten. Für solche Auftritte in anderen Städten und Residenzen gewährte der Fürst zur Entlastung des eigenen Haushalts und zur Mehrung des Ruhms seiner Kapelle bereitwillig Urlaub. Trotzdem blieb die finanzielle Situation vieler Musiker, die nicht selten in Wallerstein Familien gegründet hatten, insgesamt prekär. Die weniger ortsfesten unter ihnen nutzten denn auch sich bietende Chancen, um lukrativere Engagements einzugehen, so daß die Personalfluktuation in der Kapelle zum Teil recht hoch war. Andererseits ist das letztlich ungeklärte Phänomen zu konstatieren, daß ausgewiesene Virtuosen wie Hoppius, Nagel, Türrschmidt oder Zwierzina, die ohne weiteres besser dotierte Stellungen hätten finden können, dem Wallersteiner Hof über Jahrzehnte hinweg die Treue hielten.

Wir machen diese Nachricht aus zwei Gründen bekannt! Erstlich: Die Musik am Wallersteinischen Hofe, gehört unter die guten Musiken. Und zweitens ist von dieser Kapelle noch gar keine Nachricht bekannt. [...] Diese Kapelle, die hauptsächlich auf vier Tonsezer eingespielt ist, nämlich auf Haydn, Rosetti, der nach Haydn sich bildet, Beeke, und den iezigen Hofkonzertmeister zu Bonn, Reicha, welcher ehemals diese Kapelle bildete und dirigierte, hat zu ihrem Komandeur und Musikdirektor Herrn Hauptmann Beeke, bei den hohenzollerischen schwäbischen Kraisdragonern, Kammerherrn und Jagdjunker bei Oettingen Wallerstein. Kapellmeister: Hr. A. Rosetti, spielt allezeit den Kontrebaß. Erster Konzertmeister: Hr. Paul Winneberger, spielt das Violoncell, und ist zugleich Direktor und Kompositeur der Fürstl. Jagd und Tafelmusik. Zweiter Konzertmeister: Hr. Feldmaier,[39] dirigiert das

[51] Die Harmoniemusik der Hofkapelle (1791)

Orchester, und singt zugleich die Tenorarien.
Kirchen- und Hofsängerinnen: Die drei Jung-
fern Steinhöber. Hoforganist: vacat. Erste Vio-
line: Hr. Höfler, ist zugleich Hofkonditor.
Hr. Link, zugleich Klarinettist. Hr. Link
der jüngere. Hr. Gerstmaier. Hr. Albrecht
Link, Jubilatus und Emeritus. Zweite Vio-
line: Hr. Hammer Senior, Jubilatus. Hr.
Hammer der jüngere. Herr Gerstmaier. Hr.
Beer, zugleich Klarinettist. Hr. Diethmann.
Bratsche: Hr. Dürschmidt,[40] *Jubilatus, ist*

[52] Schloß Hohenaltheim (1710/14): Gartenfront

Lehrer und Erzieher der musikalischen Akademie zu Wallerstein. Hr. Steinhöber, zugleich
Mägdlein Schulmeister.[41] *Hr. Bezler, Trompeter und Hofbaßist. Violon: Hr. Anton Ro-*
setti. Hr. Franz Marx, ist zugleich Hoftrompeter. Flöten: Die beiden Hrn. Gebrüder Ernst.
Oboen: Hr. Glier, ist wegen seiner Brust dispensirt, wählte aber ein ander Instrument. Hr.
Weinhöppel. Fagotts: Hr. Hoppius. Hr. Meißrimle. Horn: Hr. Nagel. Hr. Zwirzina. Hof-
pauker: Ist der zeitige Regimentstambour. Kalkant: Ernst der jüngere. Die wenigsten Glie-
der dieser Kapelle sind eigentlich besoldete Musiker; die meisten sind blos Bediente, dennoch
sind sie sehr gut einander gewöhnt. Die Musik ist eigentlich zu Hohenaltheim, zwei Stund
von Wallerstein, wo der Fürst residirt; und regulär alle Sonntage.

[53] Nachricht von der Fürstl. Wallersteinischen Hofkapelle, in: Musikalische Real-Zeitung 1 (1788), Sp. 52 f.

Nach damaliger Sitte bestand ein Theil der Mitglieder der fürstlichen Kapelle aus der Die-
nerschaft,[42] *und es wurde bei Anstellungen subalterner Diener und Livrée-Bediensteter auf*
ihre musikalische Bildung besondere Rücksicht genommen; so kam es nicht selten vor, dass
der Hausknecht, welcher zugleich den Dienst eines Kalkanten versah, auch ein Instrument
»tractirte« und eine Stelle im Orchester einnahm.

[54] Dominicus Mettenleiter: Die fürstlich Oettingen Wallerstein'sche Hofkapelle, in: Orlando di Lasso.
Registratur für die Geschichte der Musik in Bayern. H. 1. Brixen 1868, S. 33

Fürst Kraft Ernst förderte musikalische Begabungen unter den Kindern seiner
Hofmusiker wie auch anderer Bediensteter nach Kräften. Es entstanden regel-
rechte Musiker-»Dynastien«: 1788 etwa waren unter den (fünf) ersten Geigern
drei Angehörige der Familie Link. Insgesamt brachte diese Wallersteiner Familie in drei Generationen so-
gar sechs Hofmusiker her-
vor. Jungen talentierten Or-
chestermitgliedern ermög-
lichte der Fürst nicht selten
längere Fortbildungsreisen,
um sich bei auswärtigen Meistern zu vervollkommnen.

[55] Wallerstein (18. Jahrhundert)

[56] Schloß Wallerstein von Westen (um 1830)

1811, als die große Zeit des Wallersteiner Orchesters bereits Geschichte war, schreibt Lipowski in seinem »Bayerischen Musik-Lexikon«: *Dieses Orchester wurde vom Herrn Fürsten von Oettingen-Wallerstein bereits vor 40 Jahren gebildet zur Ehre seines Hofes, seines Geschmackes, und seines kleinen Ortes Wallerstein, das ein paar Hundert Häuser zählet, und außer dem Schloße des Fürsten keine Merkwürdigkeiten hat. Die blühendste Periode dieses berühmten und vortreflichen Orchesters, das immer aus 30 bis 36 guten Tonkünstlern, ja selbst Virtuosen bestand, beginnt mit den Jahren 1775, wo Major Beecke an seiner Spitze stand, und dann in der Folge auch noch Rosetti dazu kam.*

[57] Felix Joseph Lipowski: Bayerisches Musik-Lexikon. München 1811, S. 286

II.3. Ignaz von Beecke: Pianist, Komponist, Intendant

One of the first signal favours which his lordship conferred on me, was doing me the honour of presenting me to the countess Thun,[43] a most agreeable and accomplished lady of very high rank, who, among many other talents, possesses as great skill in music as any person of distinction I ever knew; she plays the harpsichord with that grace, ease, and delicacy, which nothing but female fingers can arrive at. Her favourite author for the instrument, is a dilettante, M. le Comte de Becke. His pieces are very original, and in a good taste: they shew the instrument much, but his own delicacy and feelings more.

[59] Charles Burney

[58] Charles Burney: The present state of music in Germany [...] 2. edition. Vol. 1. London 1775, S. 221.

[60] Ignaz von Beecke

Ist jemand, der des Hrn. Hauptmann von Becke Musik nicht kennet, der schaffe sich solche; wenn er anders sie auszuführen entweder selbst im Stand ist, oder sie von andern spielen zu hören Gelegenheit hat; denn sie erfordert Meistershand, und die geringste Nachsicht kann und muß bey ihrer Ausführung nicht statt finden. Sie ist meistens im theatralischen Geschmack, und dieserwegen auffallend. Man glaubt sich oft mitten auf die Bühne versetzt; und in seinen vortreflichen Concerten, die er auch mit vollkommenem Geschmack und Empfindung vorzutragen weiß, vertritt die Hauptstimme den menschlichen Gesang, ohne die höchsten Fähigkeiten und den ganzen Umfang des Instruments zu vermissen.

[61] S. Frhr. von S.: Etwas von der Musikalischen Edukation, in: Der Teutsche Merkur Dec. 1776, S. 219 f.

Notger Ignaz Franz von Beecke[44] (* 28. Oktober 1733 Wimpfen, † 2. Januar 1803 Wallerstein), Sohn des aus Westfalen stammenden Präsenzmeisters[45] im Wimpfener Ritterstift, Theodor Beecke, trat 1756 als Fähnrich in das kurbayerische Dragonerregiment »von Zollern« ein und nahm als solcher am Siebenjährigen

[62] Wallerstein von Süden (um 1790)

Krieg teil. 1759 kam er nach Wallerstein, wo er in der Oettingen-Wallerstein-schen Kompanie des württembergischen Kreisdragoner-Regiments »Prinz Friedrich« zum Premierleutnant befördert wurde; 1763 erfolgte seine Ernennung zum Hauptmann. Eine besondere Beziehung entwickelte sich zu Erbgraf Kraft Ernst, dessen persönlicher Adjutant er war. Im Laufe der Jahre avancierte Beecke zum Wallersteinschen »Hofjagdjunker«, »Hofkavalier« und fürstlichen »Kammerherrn«.

Bei dieser Gelegenheit besucht' ich auch den Wallersteinischen Hof, dessen Kapelle damals [1775/76] sehr glänzend war, und von dem berühmten Hauptmann Beke gelenkt wurde. Beke ist bekanntlich der Anführer einer ganz eignen Manier, den Flügel zu spielen. Er selbst hat alle Eigenschaften des musikalischen Genies - Schöpfergeist, Feuer, Fülle, und Ausdruck. Sein Auge flammt, wenn er spielt; seine Faust ist klein, und schimmernd, und der Karakter seiner Spielart hat viel Einfalt, Bestimmtheit und Würde. Er ließ von den besten Musikern des Hofes einige seiner neusten Kompositionen vortragen, wovon jede ein einziger gut ausgeführter Herzensgedanke zu seyn schien.
[63] Christian Friedrich Daniel Schubart: Leben und Gesinnungen. Bd. 2. Stuttgart 1793, S. 92 f.

Seit Kraft Ernsts Regierungsantritt im August 1773 fungierte Beecke als einflußreicher Hofmusikintendant. Auch zuvor schon hatte er den Erbgrafen in musikalischen Fragen beraten; jetzt erhielt er umfassende Kompetenzen, um die Reorganisation der darniederliegenden Hofmusik zügig voranzutreiben. Auf ausgedehnten Reisen durch Europa, die er auch für Konzertauftritte als Pianist nutzte, war er auf der Suche nach jungen Talenten für die Hofkapelle und nach musikalischen Novitäten, die das Wallersteiner Repertoire bereichern konnten. In langen Briefen erstattete er seinem Fürsten ausführlichen Bericht.

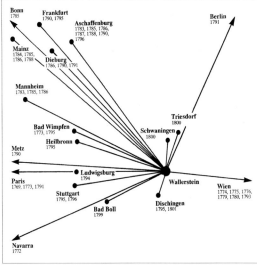

[64] Beeckes Reisen 1769-1801

Quant a l'Esquissé que vous me Donnés, Monseigneur, de votre future orguestre, je serai bien charmé de pouvoir lui etre de quelque utilité. D'abort s'agit d'avoir peu de monde, mais de bons sujets, pas un seul inutile, nous ne voulons pas de grands talents, mais des sujets qui ont de la Disposition, et l'age d'en acquerir. Je connois deux orguestres assés mediocres qui se sont formés sous moi. il faut a Monseigneur un bon violon, qui puisse jouer de concerts, je ne demande pour le reste que de joueurs d'orguestre des bons lecteurs, qui ayant de l'ame.

*les hobois et les Cors sont l'ame de l'orguestre, et
pour des bons hobois nous aurons de la difficulté.*
[65] Beecke an Fürst Kraft Ernst (Wallerstein, 14. März 1772)

*Le lendemain du Jours de l'opera j'ai resté encore a
Mannheim pour ententer l'academie de Musique.
Mr. Bach jouit un Concert sur le clavecin. Je n'en
etois pas si edifié que de son opera.[46] mai j'ai
entendu deux chanteuses, l'une de 15, l'autre de 16
ans, Mesdemoiselles Danzi et Straßer,[47] qui m'ont
etonné tant pour la force de la voix, que pour leurs
maniere de chanter et surtout pour leurs gosiers.*
[66] Beecke an Fürst Kraft Ernst (Navarra, 15. Oktober 1772)

[67] Schloß Hohenaltheim

[68] Franziska Danzi

*Il y a ici un Joueur de flute, qui fut recomandé a votre
Altesse par Mad. de Furstenberg, sous le nom de
Schmid. elle s'etoit trompé, car il s'appelle Hirsch [...] M. Vinturini haubois de l'orguestre
d'ici, veut me faire entendre un haubois, jeun home dont ai entendu dire de bon.*
[69] Beecke an Fürst Kraft Ernst (Wien, 22. April 1774)

*Il y a ici une excellente flute, un Excellent violon, les hobois mediocres, les clarinettes bonnes,
la Contre-Baße sure et bonne, les cors de chasse mediocres, le baßon mauvais depuis Pfeiffer,
qui a voulu entrer au service de votre Altesse, est parti. L'ensemble de l'orguestre est bon, ce
qui manque ces sont les nuances.*
[70] Beecke an Fürst Kraft Ernst (Aschaffenburg, 3. Oktober 1783)

*Aujourdhui il y a opera ou on commenca par l'opera Uliße, musique d'Allessandri.[48] [...]
Allessandri a fait de la belle musique. J'etois etonné, qu'il ne se servoit pas plus des instruments a vent. Je n'ai pas entendu un seul arie obligé avec de instruments concertants. Je ne
trouverai pas nos haubois, notre flute, et notre Clarinette [...] mais tant le reste vaut mieux,
malgré qu'ils n'ont pas nos nuances et notre precision.*
[71] Beecke an Fürst Kraft Ernst (Berlin, 7. Januar 1791)

Militärische Pflichten scheinen Beecke nur wenig belastet zu haben; die Stellung als Offizier verschaffte ihm jedoch die nötige ökonomische Basis für seine
künstlerische Tätigkeit. Beecke war ein glänzender Pianist und als solcher ge-
schätzt von Paris bis Wien. Nach Schubart (Nr. 63, 80) war er - vor allem in
Süddeutschland - als Lehrer so einflußreich, daß man von einer »beeckischen«
Schule sprechen konnte. Am 27. April 1775 kam es zu einem Klavierwettstreit
mit dem jungen Mozart im Münchner Gasthaus »Zum schwarzen Adler«, und
noch im Oktober 1790 traten beide gemeinsam in Frankfurt und in Mainz auf.

[72] Gasthaus »Zum
schwarzen Adler«

*Denk nur, Bruder, was das für'ne Lust war! Hab dir letzern Winter in München zwey der
grösten Klavierspieler, Herrn Mozart und Herrn Hauptmann von Beecke gehört; mein Wirth,*

Herr Albert, der fürs Große und Schöne enthusiastisch eingenommen ist, hat ein trefliches
Fortepiano im Hause.[49] Da hört' ich diese zwey Giganten auf dem Klavier ringen. Mozart
spielt sehr schwer, und alles, was man ihm vorlegt, vom Blatt weg. Aber's braucht weiter nichts;
Beecke übertrifft ihn weit. Geflügelte Geschwindigkeit, Anmuth, schmelzende Süßigkeit und
ein ganz eigenthümlicher, selbstgebildeter Geschmack sind die Keulen, die diesem Herkul wohl
niemand aus den Händen winden wird.
[73] Deutsche Chronik 2 (1775), S. 267

[74] W. A. Mozart

Als ausgezeichneter Klavierspieler und fruchtbarer Componist in den verschiedensten Gattun-
gen der Vokal- und Instrumentalmusik konnte [Beecke] damals wohl mitunter als ein Rival
Mozarts gelten und dessen Vater trauete ihm nicht immer die freundlichsten Gesinnungen ge-
gen Wolfgang zu. Seine Stellung in Wallerstein scheint ihm zu Reisen viele Zeit gegeben zu
haben, er hielt sich öfter in Mainz und in Wien auf; im Jahr 1790 spielte er mit Mozart,
der ihn den Papa der Klavierspieler zu nennen pflegte, ein vierhändiges Concert.
[75] Otto Jahn: W. A. Mozart. 2. Teil. Leipzig 1856, S. 77

[76] Chr. W. Gluck

Seine kompositorischen Kenntnisse hatte sich der
»nobile dilettante« wohl autodidaktisch erworben;
angenommene Schülerverhältnisse zu Gluck, mit
dem er befreundet war, und Jommelli lassen sich
nicht belegen. In seinem späteren Schaffen tritt
der Einfluß Joseph Haydns in den Vordergrund.
Beecke war ein fruchtbarer Komponist, der unter
den Wallersteiner Musikern neben Rosetti auch
überregional das größte Ansehen genoß und außer
Instrumentalwerken (Klaviermusik, Kammermusik, Sinfonien, Konzerte) viel Vokalmusik schrieb,
darunter Lieder, zahlreiche Kantaten, ein Oratorium, zwei Messen, ein Requiem und mehrere Sing-
spiele. Seine Oper »Claudine von Villa Bella« nach
einem später mehrfach vertonten Text Goethes wurde am 13. Juni 1780 im
Wiener Hofburgtheater durch das »Deutsche Nationalsingspiel« uraufgeführt.

[77] Mainz: Schott 1788

[78] Hofburgtheater

[Beecke] gehört nicht nur unter die besten Flügelspieler, sondern auch unter die vorzüglichsten
und originalsten Componisten. Seine Hand ist klein und brillant; sein Vortrag deutlich und
rund; seine Phantasie reich und glänzend, und - was ihn am meisten ehrt, seine ganze Spiel-
art selbst geschaffen. Er hat am Clavier eine Schule gebildet, die man die Beekische nennt.
Der Charakter dieser Schule ist: eigenthümlicher Fingersatz, kurzes etwas affectirtes Fort-
rücken der Faust, deutlicher Vortrag, spielender Witz in den Passagen, und sonderlich ein
herrlicher Pralltriller. In diesem Style sind auch Beekes Clavierstücke geschrieben. [...] Seine
Concerte sind nicht sonderlich schwer, aber ungemein lieblich und schmeichelnd für das Ohr.
Seine Claviersonaten gehören unter die besten dieser Art, so wir besitzen: sie sind reich an
hervorstechenden, meist ganz neuen Wendungen. Seine Modulationen eben nicht kühn, aber

[79] Die Auferstehung Jesu (1794)

doch oft sehr überraschend. [...] Seine Compositionen für andere Instrumente haben ein ganz eigenthümliches Colorit. Der Umriß ist aufs genaueste angegeben; und die Instrumente bringen eine so kräftige Carnation und liebliche Farbenmischung hervor, daß man sie nicht ohne Wonnengefühl hören kann.

[80] Christian Friedrich Daniel Schubart: Ideen zu einer Ästhetik der Tonkunst (1784/85). Wien 1806, S. 166 f.

Für seine Wiener Gönnerin, Wilhelmine Gräfin Thun-Hohenstein (1744-1800), und ihre Töchter komponierte Beecke eine Sonate für drei Klaviere. Die autographe Partitur enthält den Vermerk: *fait le 3. Fevrier 1785 du Capitaine Beecke.*

Auch seine späte, 1798 bei Gombart in Augsburg gedruckte »Air avec dix variations pour le pianoforte« widmete er der begabten Pianistin, die mit Gluck und Mozart freundschaftlich verbunden war.

[82] Sonate für drei Klaviere. Autograph (1785)

[81] Gräfin Thun

In etlichen seiner insgesamt 17 Streichquartette präsentiert sich Beecke als ein *ausgesprochener Jünger Haydns und Vertreter des von letzterem vervollkommneten Quartettstils.*[50] Die späten Sinfonien und Serenaden verraten gleichfalls den Einfluß des Meisters aus Esterháza; kompositorisch stehen sie auf der Höhe der Zeit. Am 10. März 1785 berichtet der Wallersteiner Hofmusiker Franz Xaver Hammer[51] seinem Fürsten aus Mainz: *Am nemblichen Tag als ich bei Hof spielte, wurte von H. Hauptman Becké seyn neue Sinfoni aufgeführt, welche auserordentlichen Beifall erhalten, der Chur Fürst hatte große Freit daran, auch hatte H. Haubtman auf drei Clafier ein Concerdant gemacht, dergleichen von Schönheit nicht viel gehört worden.*[52]

[83] Streichquartett G-Dur. Autograph (um 1780)

Am 20. Oktober 1789 heiratete Fürst Kraft Ernst - nach 13 Jahren Witwerschaft - in zweiter Ehe die Prinzessin Wilhelmine Friederike von Württemberg (* 3. Juli 1764 La Chablière, † 9. August 1817 Wallerstein). Beecke schuf eine Festkantate; auf dem Einbanddeckel vermerkte er: *Cantate. auf Das Hochzeitfest Sr. Durch: des regierenden Fürsten Von Oetting Wallerstein mit Sr. Durchl: der Printzeß Von Wirtenberg Von H: Hauptmann Beecke.*

[84] Kraft Ernst und Wilhelmine (1789)

[85] »Hochzeitskantate«. Autograph (1789)

Beecke war - wie schon erwähnt - ein glühender Verehrer Haydns. Die Faszination, die dessen Musik auf den Fürsten und die Wallersteiner Komponistenkollegen ausübte, ist letztlich auch auf die Autorität des Hofmusikintendanten zurückzuführen. 1780 berichtet Beecke aus Wien: *Hors la Composition de Hayden, il n'y a rien de bon en Musique dans ce pays-ci, qui puisse nous convenir.*[53]

J'ai entendu une Repetition d'un oratoire de Handel: Alexanders-Fest oder die gewalt der Music [...] On ne peut rien entendre de plus beau et plus grand. Hayden a ajouté un Coeur, qui surpaße tout ce que j'ai entendu de ce grand Home. Hayden et Händel stehen da neben einander, einer so groß alß der andere. Doch haben mich die Würckungen der Harmonie und daß große Meisterhaffte an gemälden in dem Chor des Hayden mehr hingerißen. [...] Hier il y avait le Concert au benefice de Hayden dans la petite Sale de la Redoute. On a distribué 400 billets a 1 Ducat. L'aßemblée etoit außi belle et choißie que la Musique. Hayden a fait 3 de ces nouvelles Synfonies, qu'il a envoyé a Votre Alteße. [...] Il y a tous les Mardi Concerts chez le Prince Lobkowiz; j'ai deja aßisté a deux Concerts, j'ai du meme jouer de Clavecin, ce qui ne m'est pas arrivé depuis long tems. On a fait deux de mes Synfonies, qui ont eu beaucoup d'approbation, celle de Hayden, qui etoit present au dernier Concert m'a surtout flatté [...]. J'ai l'honneur d'etre avec le plus profond Respect Monsigneur de Votre Alteße S^me le tres humble et tres obeißant Serviteur Beecké Major.

[86] Joseph Haydn

[87] Beecke an Kraft Ernst (Wien, 15. März 1793)

Der Liedkomponist Beecke legte Wert auf anspruchsvolle Texte und wählte bevorzugt Gedichte auf Themen wie Nacht, Tod und Verlorene Liebe, Themen, die eigentlich erst im Liedschaffen des 19. Jahrhunderts Bedeutung erlangen sollten. Das einfache Strophenlied findet sich bei ihm kaum; er bevorzugte vielmehr durchkomponierte Formen, die er oft phantasievoll und unkonventionell gestaltete.

Herr Major von Becke ist Recensenten aus seinen ehemaligen Sonaten als ein braver, achtungswerther Kunstliebhaber bekannt, und auch diese Lieder geben im Ganzen ein vortheilhaftes Zeugnis von seinem Gefühl und seiner musikalischen Geschicklichkeit. [...] Unterdeß zeugt es doch von der Feinheit und Ueberlegung des Verfassers, daß er lieber alle Strophen seiner Lieder hat durchcomponiren, als sie an Ausdruck etwas Wesentliches verlieren lassen wollen. [...] Uebrigens ist ein hübscher ausdrucksvoller Gesang in den Liedern, und eine wohlgewählte Harmonie giebt denselben eine gute Haltung. Mit Empfindung und Geschmack also vorgetragen, wie der Verfasser dies in der Zu-

[88] »An Laura«. Autograph (um 1790)

eignung von der Durchl. Herzogin von Hildburghausen rühmt, was mit solcher Wahrheit und Innigkeit gesagt zu seyn scheint, daß man gar nicht daran zweifeln kann, werden diese Lieder, bey sinniger und bescheidener Begleitung, vielen gefallen.
[89] Allgemeine musikalische Zeitung 2 (1799/1800), S. 186 f.

1792 wurde Beecke zum Major befördert und in den Ruhestand versetzt. In den 1790er Jahren ging seine Reisetätigkeit merklich zurück. Nach 1796 kam sie zum Erliegen. Seine letzten Lebensjahre waren teilweise von Krankheit überschattet. Beecke starb am 2. Januar 1803 - nur wenige Monate nach Fürst Kraft Ernst:

[90] Eintrag im Wallersteiner »Sterbregister« am 2. Januar 1803

1803. 2. januarii: Media Nocte versus horam primam matutinam Subitanea Morte ablatus fuit absque sacramentis clarissimus D^{mus} Franciscus De Becké, Major in legione equestri Würtemberg. et S[erenissimi] P[rincipis] N[ostri] Hof Cavalier, arte musica longe lateque celebris et notus aetat: sue Ann: 70. et 5to magna Cum pompa terrae mandatus fuit.R.[equiescat] i.[n] p.[ace][54]

Der Nachlaß des Junggesellen wurde versteigert. Die Kompositionen gelangten wohl größtenteils in das Archiv der Hofkapelle: Die Oettingen-Wallersteinsche Bibliothek enthält heute rund 170 Beecke-Manuskripte, darunter zahlreiche Autographen.

[92] Antonio Rosetti (um 1790)

Und wer sezt auch mehr fürs Herz, und allgemein faßlicher als er? Aber man geht auch auf der andern Seite mit der Periode des Geschmacks fort, und dies scheint wenigstens das Bedürfnis des Triebs nach Neuheit nothwendig zu machen. Ausser Rosetti, der immer gefallen wird, sind also jetzt auch die Kompositionen von Mozart, von Pleyel, von Hofmeister, von Haydn etc. gangbar.
[91] Musikalische Real-Zeitung 3 (1790), Sp. 159

Rosetti [...] wird nie mit Jomelli oder Gluk verglichen werden können, weil er in einem ganz andern Fache der Tonsezkunst arbeitet. Er ist es, welcher die Form der Instrumentkonzerte verbessert, die ellenlangen Ritornellen abgeschnitten, die schiklichen kleinen Ruhepunkte für die Prinzipalstimme eingeschaltet, und das Brillante im Vortrage mit Eleganz zu verbinden durch seine Kompositionen Beispiel und Anweisung gegeben hat. In dem, was man Instrumentenpraxis nennt, hat er es zu einer vorzüglichen Gründlichkeit gebracht, und beschämt hierinne manchen Kapellmeister grosser Höfe.
[93] Musikalische Korrespondenz der Teutschen Filharmonischen Gesellschaft 1791 Nr. 5 (2. Feb.), S. 34 f.

Antonio Rosettis frühe Biographie liegt weitgehend im Dunkeln. Man geht davon aus, daß er um 1750 als »Anton Rös(s)ler« im nordböhmischen Leitmeritz geboren wurde.[55] Ursprünglich dazu bestimmt, Geistlicher zu werden, erhielt er seine (musikalische) Ausbildung bei den Jesuiten. Im Sommer 1773 brach er die Priesterausbildung ab und verließ Böhmen. Wohl um die gleiche Zeit italianisierte er seinen Namen. In den Wallersteiner Akten erscheint er erstmals im November 1773. Anfangs gehörte er zur Livrée, ab Juli 1774 wird der Kontrabassist Rosetti in den Hofhaltungsrechnungen zu den *Musikanten und Kanzellisten* gerechnet. Es entstehen die ersten Kompositionen (Sinfonien, Solokonzerte, Kammermusik) für die Hofkapelle, aber auch schon für auswärtige Auftraggeber. 1775 führte ihn eine dreiwöchige Reise an den markgräflichen Hof zu Ansbach.

[94] Oboenkonzert D-Dur. Autograph (1778)

Schon lange sehe denen mir allhier gütigst versprochenen Oboe Concerten entgegen [...] also habe Ew. HochEdelgeb: hierdurch nochmals ganz gehorsam bitten wollen, mir die besondere Freundschaft zu erweisen, und mir die schon von dero Mitt-Collegen Hn. Viola[56] *verfertigten Concerten, wo von Sie noch die Partituren wie Sie mir allhier sagten haben, vor Geld und Gute Worte mit der nechsten Gelegenheit anhero zu senden, dieweil ich Tagtägl: von unsern Hn. Cavaliern immer auf diesen Instrument zu blasen geplagt werde. In Fall das Fagott Concert welches Sie erst vor kurzen Hn. Hautboist Walther geschicket auf die Oboe aplicable zu machen wäre, so wolte mir solches auch mit zu übersenden bitten, zugleich aber auch um Verfertigung 3 neuer Oboe Conc: mit schönen Rondeaux und Melodischen Adagio unverzügl: in Arbeit zu nehmen.*

[95] Johann Friedrich Kiesewetter[57] an Rosetti (Ansbach, 22. November 1775)

Im März 1776 komponierte Rosetti im Auftrag des Fürsten binnen kürzester Zeit ein Requiem für die Beisetzung der 19jährig verstorbenen Fürstin Marie Therese. Diese Totenmesse sollte im ausgehenden 18. Jahrhundert eine Verbreitung finden wie kaum ein anderes Werk der Gattung.

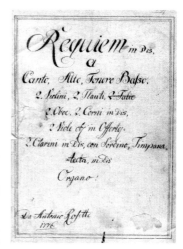

Außer dem gerühmten Beke hatte der Wallersteinische Hof auch einen welschen Komponisten,[58] *der noch fertiger im Saz, und viel feuriger als Beke, war. Sein Requiem auf den Tod der dasigen Fürstin ist der Pendant zu Jomellis Requiem, und eben so schön und rührend, als Werkmeisters Lobrede auf diese fromme Prinzeßin.*

[96] Christian Friedrich Daniel Schubart: Leben und Gesinnungen (1775/76). Bd. 2. Stuttgart 1793, S. 94 f.

[97] Requiem Es-Dur (1776)

Nach den Trauerfeierlichkeiten beurlaubte Fürst Kraft Ernst die Hofkapelle; viele Musiker verließen Wallerstein. Manche von ihnen unternahmen Konzertreisen auf eigene Kosten, andere suchten sich feste Engagements. Rosetti zog es vor zu bleiben und begann, seine musikalischen Kontakte zu anderen Höfen (u.a. Regensburg und Donaueschingen) zu intensivieren. Im Supplement des Verlagskatalogs von Breitkopf in Leipzig wurden 1776/77 erstmals Manuskriptkopien seiner Werke zum Kauf angeboten. Er »vermarktete« sich aber auch weiterhin selbst:

Die 2 unter dem 11[tn] *July an mich erlasse Concertante, so wir wegen dem Schweren Satz auch auf die vorgeschriebene Weise ohne sehr grose, und Lange Übung /: die aber aus Mangel der Zeit nicht geschehen Kan :/ nicht wohl Produciren Können, muß ich ihnen mit vielem Mißvergnügen wieder zurückschicken. Von diesen /: ich darf es eidlich Betheuren :/ ist nicht eine Note abgeschrieben worden: sind Sie mithin über mich nicht Böse, ehnder Kunte ich ihnen nicht zuschreiben. Für das Violino Concert, welches ich mir sehr bald einzuhändigen Bitte, empfangen Sie hier 9 fl. Geldtes [...] In der Ungewißheit, ob dieses Requiem von ihnen dasjenige, oder nicht sey, so Sie auf das Ableben Sr. Durchlaucht der Fürstin von*

Oetting Hochseel: Angedenkens gefertiget haben, zeichne ich hier das deselben Anfangsthema hier nieder, und Bitte in Bälde desswegen mich zu verständigen: das Benedictus, auch Agnus Dei mangelt uns. Requiem adagio Con Sordini. Sigre Rosetti [...] [59]
[98] Maximilian von Kaltenbacher[60] an Rosetti (Schussenried, 14. August 1778)

Am 28. Januar 1777 heiratete Rosetti Rosina Neher († 1813), die Tochter des Wallersteiner Gastwirts Johann Neher: *Anno 1777. 28. Januarii / Nuptias cele-bravit Nob.[ilis] Dominus Antonius*

[99] Eintrag im Wallersteiner Heiratsregister am 28. Januar 1777

Rosetti Ser.^{mi} DD. Princ. de Ö.W. Musicus aulicus, de Leutmeriz ex Bohemia oriundus, cum V. M. Rosina Neherin, Spect. D. Joannis Neher Senatoris et Hospitis ad Aquilam, ac Mariae Annae ejus conjugis filia Legitima praesentibus testibus D.^{no} Joanne Mayer Senatore, et D.^{no} Albano Wörsching. [61]

[100] Englischhörner (2. Hälfte 18. Jh.)

Um 1778/79 entstand sein Quintett in Es-Dur für Flöte, Oboe, Klarinette, Englischhorn und Fagott. Es gilt als das erste Bläserquintett der Musikgeschichte. Bemerkenswert ist die aparte Besetzungsvariante »Dalie« (Taille de hautbois, Englischhorn) anstatt Waldhorn.

[101] Quintett Es-Dur: Englischhorn-Stimme

[102] Sinfonien op. 1

Gegen Ende Oktober 1781 verließ Rosetti Wallerstein in Richtung Paris, wo er, versehen mit einem Empfehlungsschreiben des Fürsten, Mitte Dezember eintraf. In den folgenden Monaten studierte er das dortige Musikleben, arrangierte Aufführungen eigener Werke und knüpfte Kontakte zu Musikverlagen. Bereits 1779 waren im Pariser Verlag »Le Menu et Boyer« drei Sinfonien als sein »Opus 1«[62] erschienen. In mehreren Briefen schilderte er Fürst Kraft Ernst seine Eindrücke:

Durchlauchtigster Fürst! Gnädigster Fürst und Herr Herr!
So sehr ich immer wünschte von meinen hiesigen Umständen Euerer Hochfürstl. Durchlaucht weithere unterthänigste Nachricht ertheilen zu können, so viel fande sich Ursache, solche wegen immer anhaltenden Unpäßlichkeiten bies jezo zu verschieben. [...] Sonst sehe ich alle meine Wünsche vollkommen erfüllt! mir fehlt es nicht an hinlänglichen Bekanntschaften in den ersten Häußern, meine Musique wird mehr geschäzt als von 10 andern weith würdigeren Meistern; ich selbst bin überall, vom Prinzen bis zum Musiker geliebt; mein Talent hat alle Gelegenheit, sich durch die Verschiedenheit der hiesigen Musique besser zu bilden; ich sehe die

große, große Welt, und ohngeachtet der Ver-
legenheit, in die mich meine kränklichen Umstände versezten, sehe ich doch zum voraus
meine Rechnung so gemacht: daß ich mit
Ehren in Wallerstein erscheinen kann. Das
beste und stärkste Orchestre ist bey dem
Prinz v. Guiemené:[63] es besteht aus den al-
lerersten Meistern von Paris! lauter ausgesuchte Concertisten, so daß die Wahl ordent-
lich schwer fällt. Im ganzen ist ihre Execution
sehr rasch und richtig, jedoch in ab- oder
zunehmung des Gefühls bey einzelnen Not-
ten, in sanften Außdrüken und in der Ein-
heit muß ich das Wallersteinische Orchestre
weith vorziehen. Das Concert spirituel[64] ist
brausend und rauschend, für einen Fremden
mehr erschröcklich als einnehmend. Für die- [103]

ses arbeithe ich würcklich an einer starken Sinfonie. Das Concert des Amateurs[65] existirt
nicht mehr, es soll das beste gewesen seyn. Im Concert d'Emulation habe sehr viel schönes gefunden; es ist klein, aber gut, hier allein bestrebt man sich Außdrücke zu suchen. Haydn ist
ihr Abgott. Andere Privat Concerten bedeuten nicht viel, außgenommen bey Baron de Bagge!
hier ist die Musikalische Schule! alle Fremde halten hier ihre Probe: wer da gefällt, hat sein
renommé in Paris gemacht, so auch das Gegentheil. [...] In meinem ersten Schreiben erwehnte

ich eines schönen Violinisten Nahmens Fodor[66]; ich weiß nicht, ob sich ein Tauglicherer
für Wallerstein finden könnte. Ich erwarthe
immer noch die Gnädigste Willens-Meynung.
Unter demüthigster Empfehlung zu ferneren
Hulden und Gnaden ersterbe in tiefster Ehr-
furcht Euerer Hochfürstl. Durchlaucht Unterthänigst gehorsamster Rosetti

[103] Rosetti an Kraft Ernst (Paris, 25. Januar 1782)

Ich unterfange mich Euerer Hochfürstl. Durchlaucht unterthänigst zu berichten: daß /: da
das Concert spirituel mit Anfang April sich endigt, und ich meine Sachen zu besagter Zeit
ziemlich werde gemacht haben, auch die Herrschaften meistens aufs Land gehen :/ ich trach-
ten werde mit Ende April, längstens Anfang May nach Wallerstein zurückzukehren, wenn
mir anderst Eure Hochfürstl. Durchlaucht so lange die Gnädigste Erlaubnis zuertheilen ge-
ruhen wollen, um welches ich unterthänigst bitte. Ich habe alle Opern und Concerte beyge-
wohnt, und thue es würcklich noch [...] Durch mein Talent habe in Paris mir und Euerer
Hochfürstl. Durchlaucht sehr viel Ehre erworben, ich halte mich dahero wohl versichert: daß
mich Ew. Durchl. bei meiner Ankunft mit ebensoviel Hulden und Gnaden empfangen werden, als von welchen ich mir geschmeichelt hatte, wie ich Höchstdieselbe verließe. 6 Sinf:[67]

[104] Antonio Rosetti

[105] Palais des Tuileries (1. Hälfte 18. Jahrhundert)

und noch etliche andere Stücke habe ich unter unterthänigster Dedication an Ew. Hochfürstl. Durchlaucht hier stechen lassen, die würcklich fertig sind und von welchen ich ein Exemplar durch den Gärtner Grieß Höchstdenenselben zu schicken werde, so wie ich von meinen hiesigen Arbeithen das meiste, wenigstens das Beste nach Hauß bringen werde. Von Musique anderer Meister habe nichts erhebliches um zu kaufen gefunden, außer ein Pastoral Motett von Goßeck,[68] das sehr schön ist; aber man kann es nicht haben; es ist in originali an den Directeur de Concert spirituel verkauft worden. Sinfonien hört man keine alß von Haydn und - /: wenn ich's sagen darf :/ von Rosetti! - hin und wieder noch von Ditters.[69]

[107] Sinfonien Opus 3 (Sieber 1782)

[106] Rosetti an Fürst Kraft Ernst (Paris, 5. März 1782)

Im Mai 1782 war Rosetti wieder zurück in Wallerstein. Der überaus erfolgreiche Parisaufenthalt stärkte sein Ansehen als Komponist nachhaltig. 1783/84 unternahm er Reisen u.a. nach Ansbach, Darmstadt, Frankfurt/Main, Mainz und Speyer. Die Zusammenarbeit mit Verlagen wie André (Offenbach), Artaria (Wien), Bossler (Speyer), Boyer (Paris), Hummel (Berlin/Amsterdam), Schott (Mainz) und Sieber (Paris), die in den folgenden Jahren zahlreiche seiner Werke veröffentlichten, nahm ihren Anfang. Bis um 1800 erschienen in Amsterdam, Berlin, Edinburgh, Frankfurt/Main, Kopenhagen, Leipzig, London, Mainz, Mannheim, Nürnberg, Offenbach, Paris, Speyer, Venedig, Wien und Zürich weit über 100 Drucke. Im Laufe der 1780er Jahre eroberten seine Kompositionen das musikalische Europa.

Le Concert Spirituel du Dimanche deux Février, a commencé par une fort jolie symphonie de M. Rosetti, qui soutient très bien la réputation qu'il s'est faite en ce genre.[70]
[108] Mercure de France Nr. 7 (15. Februar) 1783, S. 127

Rosetti. Einer der beliebtesten Tonsetzer unserer Zeit. Auf allen Clavieren sieht man jetzt Rosettische Stücke, aus allen jungfräulichen Kehlen hallen seine Lieder wieder. Und gewiß, es läßt sich kaum etwas Leichteres, Lichtvolleres, Honigsüßeres denken, als die Stücke dieses Mannes. Die Naivetät ist sonderlich sein Hauptzug. So leicht aber seine Sätze aussehen, so schwer sind sie vorzutragen, wenn man kein eigenes Herzgefühl hat. Der bloße musikalische Luftspringer, der bloß in Saltomortalen seinen Ruhm sucht, wird scheitern, wenn er ein Rosettisches Werk vortragen soll. Die Grazie und Schönheit ist so unendlich feiner Natur, daß

[109]

man nur mit der Hand zucken darf, so ist ihr zahrter Umriß zerstört, und das Venusbild wird eine Fratze. - Dieses Grundgesetz gilt in einem hohen Grade vom Vortrag der Rosettischen Compositionen: auf einem bekielten Flügel wirken sie nur schlecht; auf einem Steinischen Fortepiano stark; am meisten auf einem Silbermannischen Clavicorde. Rosetti setzte auch manches für die Kirche. Sein Requiem auf den Tod der Prinzessinn von Taxis ist ungemein schön;

[110] Sinfonie g-moll. Autograph (1787)

hat aber das Feyerlicherhabene, das Todahndende, das Trostvolle der Auferstehung nicht so, wie das Jomellische Requiem. Er tändelt zu viel mit blasenden Instrumenten. [...] Auch versteht er den Contrapunct nicht tief genug, um eine Fuge mit Kraft und Nachdruck durchzuarbeiten. Rosetti ist der erste Italiäner, welcher deutsche Poesie musikalisch bearbeitete. Da er die deutsche Sprache tief studirt hat, so sind ihm diese Arbeiten meist ungemein gut gelungen.
[111] Christian Friedrich Daniel Schubart: Ideen zu einer Ästhetik der Tonkunst (1784/85). Wien 1806, S. 167 f.

Da morgen den 2ten Merz ein grosses Liebhaber Concert seyn wird, und ich noch niemals den Pracht dieses Concert Sales [71] gesehen habe; so werde am Freytag den 3ten abreisen, folg-

lich da du dieses liesest in Salzb: mit Gottes Hilfe angelangt seyn. [...] Der Churf: H: Concertmeister Fränzl [72] ist zum aller ersten mahl von Manheim hier vor 8 tagen angekommen, - hat seinen Sohn [73] von 18 oder 19 Jahr bey sich [...] diese 2 Fränzl, Vatter und Sohn, werden jeder ein Concert auf der Violin spielen. [...] H: Schwarz [74] ein schönes Concert vom Reicha [75] auf dem Violozell spielen. und das Brochard Hanchen [76] wird das Concert ex A von deinem Bruder [77] spielen. die Synfonien werden vom Rosetti seyn, der hier war, aber schon wieder nach Wallerstein abgereist ist.
[112] Leopold Mozart an seine Tochter Maria Anna (Nannerl), München 1. März 1786

[113] Maria Anna Mozart (um 1785)

[114] Sinfonien Opus 5 (Artaria 1786)[78]

[115] Giovanni Punto

[116] Konzert für zwei Hörner Es-Dur
(früher Joseph Haydn zugeschrieben)

Neben den Sinfonien und Bläserpartiten genossen gerade auch seine Hornkompositionen große Popularität, wobei die Konzerte für zwei Hörner, eine Wallersteiner Spezialität, auf die noch zurückzukommen sein wird, besonders hoch im Kurs standen.

Ihr Talend verdients von der ganzen welt bewundert zu werden, und da es auch von allen liebhabern billig bewundert wird, habe ich das glück sie durch den ruf zu kennen. [...] sie haben für Herrn ponto[79] sechs quatuor gesetzt. wenn ich selbe um einen billigen Preis haben könte, in welchem Falle ich mein ehrenwort von mir gäbe jede Bedingung heilig zu halten mich verbinde. In Hoffnung dieser gefälligkeit, die ich in der Zukunft suchen werde zu verdienen erwarte ich auf jeden fall eine ihrem vortreflichen Talent gemäse andwort. und verbleibe ir gehorsamer Diener Franz Lang. der ältere, hoff waldhornist [...]

[117] Franz Joseph Lang an Rosetti (München, 16. Juli 1780)

[118] F. Lang (1765)

Ich nehme mir die freyheit an Sie zu schreiben, obschon ich mich der Ehre nicht Rühmen kann, sie persönlich zu Kennen; durch ein Duett Concert für zwey Walthorn, und etlichen Parthien auf Blaß instromenten, welche mir Gelegentheitlich in die Hände Kamen, Habe ich Dero Namen und unvergleichliche Setzart kennen Lernen, Ich muß gestehen, daß, seitdem mir Ihr Composition bekannt ist, ich fast nichts anders hören noch spielen mögte. noch eines oder Edliche

[119] Partita F-Dur »pour la chasse«. Autograph (1785)

Duett-Concerte für Walthorn wünschte Ich zu Haben, Sie werden doch gewiß deren mehrer haben gemacht, welche Ihnen Von einem oder dem andern Großen Herrn od. reichen Cavalier schon bezahlt sind, die sie mir um Einen Leidlichen Preis überLassen Könten, Wenn einmal Ir Gusto Hier mehr Bekannt wird, so bin ich Vielleicht auch im Stande für den Hof. oder etliche reiche Liebhaber, Hier die es Gut bezahlen, Von Ihrer VnVergleichlichen, und unVerbesserlichen arbeit zu beschreiben.

[120] Franz Kulmberger[80] an Rosetti (Fulda, 9. Februar 1781)

Das Modell für Mozarts Hornkonzerte in Es-Dur scheint eine Gruppe von Hornkonzerten Antonio Rosettis gewesen zu sein. Die musikalische Form ist bei Rosetti im Prinzip die gleiche, mit einer Romanze als langsamem Satz und einem Finale im 6/8-Takt, dem bevorzugten Jagd-Metrum; auch die Themen sind auffallend ähnlich.[81]

Im September 1786 brachte der Wiener Verlag Artaria das 1785/86 entstande-
ne Oratorium »Der sterbende Jesus« im Druck heraus. Das dem Fürsten gewid-
mete Werk erlebte in den folgenden Jahren zahlreiche Aufführungen. Ein Exemplar der gedruckten Partitur fand
sich auch im Nachlaß W. A. Mozarts.

In den späten 1780er Jahren verschlech-
terte sich Rosettis stets labiler Gesund-
heitszustand rapide, seine Geldsorgen
wurden - trotz der internationalen Erfolge - immer drückender. 1785 hatte
er die Pflichten des Hofkapellmeisters
übernommen, ohne hierfür gebührend
entlohnt zu werden. Seine Bemühun-
gen, zur Kompensation die lukrative

[121] Wien: Artaria 1786

Chorregenten-Stelle zu erhalten, waren nicht von Erfolg gekrönt. In Bittbriefen
wie dem folgenden führte er dem Fürsten die Hoffnungslosigkeit seiner Lage
drastisch vor Augen:

*So flehe ich nochmals um schleunige Hilfe. [...] Jeder Tag Aufschub bringt mich der Schande,
einigen hiesigen Bürgern preisgegeben zu sein und meinem in kurzer Zeit unausbleiblichen
Verderben näher. Mit letztverflossenem Jahre ist meine letzte Quelle versügt, das war der
Rest des Vermögens meines Weibs - er ist zugesetzt. - Kränklich, zwischen vier Mauern
fühlt dieser sein Elend, sonderheitlich aber Nahrungssorgen weit peinlicher, als jener in freier
Luft. - und nun ein Blick in die Zukunft! ein Vater, der seinen Kindern gern Vater wäre, -
nicht sein kann! ich mals nicht aus, das Gemälde von meiner künftigen Aussicht; man könnte mich für einen Lügner oder Heuchler halten und ich bin wahrlich keines von beiden.*
[122] Rosetti an Fürst Kraft Ernst (Wallerstein, 1. Februar 1789)

Als nach dem Tod von Carl August Westenholz
(1736-1789) die gut besoldete Kapellmeister-
stelle am Hof des Herzogs von Mecklenburg-
Schwerin wiederzubesetzen war, bewarb sich
Rosetti - und er reüssierte. Im Juni 1789 erbat
er seine Entlassung aus dem Wallersteiner Hofdienst. Zunächst war Kraft Ernst nicht gewillt,
ihn ohne weiteres ziehen zu lassen, und machte
finanzielle Forderungen geltend. Schließlich aber
dekretierte er am 9. Juli:

*Demnach der hiesige Kappelmeister Anton Rosetti uns
gfst. hinterbracht, daß er in Herzogl: Mecklenburgische
Dienste getretten, und daher vermüßiget sey, sich aus*

[123] Antonio Rosetti (1790)

unsern Diensten abzufordern, und um sein Entlassungs Decret geziemend einzukommen, wir auch diesem Ansuchen entstehen mögen, als ertheilen wir demselben hiermit die verlangte Entlassung mit dem Beisatz, daß wir überzeugt sind, er, Rosetti, werde in Ansehung der Kunst, allenthalben den entschiedensten Beifall finden. Urkundlich unserer Unterschrift und des vorgedruckten Kabinet Insigels [...]

[124] Rosettis Entlassungsdekret (Wallerstein 9. Juli 1789)

[125] Friedrich Franz I.

Unser verdienstvoller Fürstlich Oettingen Wallersteinischer Herr Kapellmeister Rosetti ist Montags den 20sten Julius von Wallerstein nach seinem neuen Bestimmungsort Ludwigslust abgereist. Er ist von dem Herzoge von Mecklenburg Schwerin mit einem Gehalte von 1100 Reichsthaler Sächsisch als Kapellmeister angestellt worden, und erhält ausser diesem noch ein

[127] Schloß Ludwigslust (1834)

sehr schönes Haus und Garten, nebst freiem Holz, Fourage für 2 Pferde, u. d. gl. so daß er sich im ganzen auf 3000 fl. stehet.

[126] Musikalische Real-Zeitung 2 (1789), Sp. 254

Rosettis ökonomische Situation verbesserte sich also erheblich, und auch künstlerisch stellte er sich keineswegs schlecht. In Ludwigslust stand ihm - anders als in Wallerstein - ein leistungsfähiges Vokalensemble zur Verfügung, das es gewohnt war, großbesetzte Oratorien und Opern aufzuführen. In seinen letzten Lebensjahren schuf er noch einige größere Vokalwerke und seine einzige Oper, das Singspiel »Das Winterfest der Hirten«, das zur Feier des 33. Geburtstages von Herzog Friedrich Franz I. (1756-1837) am 10. Dezember 1789 in Ludwigslust uraufgeführt wurde.

[128] Klemens Wenzeslaus von Sachsen

Im November 1790 übersandte Rosetti dem Trierer Erzbischof und Kurfürsten Klemens Wenzeslaus von Sachsen[82] (1739-1812) sein neues Oratorium »Jesus in Gethsemane«, nachdem »Der Sterbende Jesus« 1787 am Koblenzer Hof großen Anklang gefunden hatte. Der Fürstbischof bedankte sich mit einer *goldenen Uhr samt Kette* und bestellte mehrere Sinfonien.

[129] London: Hanover Square[83] (1787)

Im Winter 1790 war es dem Geiger und Konzertunternehmer Johann Peter Salomon (1745-1815) erstmals gelungen, Joseph Haydn nach London zu holen. Fester Bestandteil der in den folgenden Jahren veranstalteten »Salomon-Haydn-Concerts«, die gesellschaftliche und künstlerische Ereignisse ersten Ranges darstellten, waren auch die Sinfonien Rosettis.

Die in den Jahren 1791-1793 aufgeführten Compositionen bestanden aus Sinfonien von Haydn, Pleyel,[84] Gyrowetz,[85] Rosetti, Stamitz,[86] Clementi,[87] Bach[88] (für doppeltes Orchester) und Mozart (2-3 Mal). [...] Das erste Salomon-Haydn-Concert wurde endlich zur Gewissheit; diesmal blieb es beim 11. März [...], obgleich das King's Theater noch immer nicht eröffnet war. Hannover square rooms, »der Sitz des Musikreiches« [...], sollte nun nach Bach-Abel,[89] neben den professional Concerten[90] noch eine dritte einflussreiche Künstlervereinigung begrüssen. Haydn präsidirte am Clavier, Salomon stand als leader dem Orchester vor.

[130] J. P. Salomon

[131] Carl Ferdinand Pohl: Mozart und Haydn in London. Bd. 2. Wien 1867, S. 18, 119

Dieses erste »Salomon-Haydn-Concert« am 11. März 1791 enthielt eine Sinfonie von Rosetti, sodann Solokonzerte (für Oboe und Violine) und mehrere Gesangsstücke, deren Komponisten nicht bekannt sind. In der II. Abteilung waren dann eine *Neue grosse Ouverture* (Sinfonie) von Haydn, zwei weitere Gesangsdarbietungen, ein Doppelkonzert für Harfe und Klavier von Jan Ladislaus Dussek (1760-1812) und abschließend eine Sinfonie von Leopold Anton Koželuch (1747-1818) zu hören.[91]

Am 14. Dezember 1791 erklang bei der Prager Gedenkfeier für den am 5. Dezember in Wien verstorbenen Mozart vor 4000 Zuhörern Rosettis frühes Wallersteiner Requiem von 1776 in einer eigens für diesen Anlaß erstellten Fassung.

[132] Ansicht von Prag (um 1800)

Die Freunde der Tonkunst in Prag, haben daselbst, am 14. d. M. in der kleinseitner Pfarrkirche bey St. Niklas, die feyerlichen Exequien für den am 5. allhier verstorbenen Kapellmeister und K. K: Hofkomponisten Wolfgang Gottlieb Mozart, gehalten. Diese Feyer, war von dem Prager Orchester des Nationaltheaters, unter der Direktion des Hrn. Joseph Strohbach,[92] veranstaltet worden, und alle Prager berühmte Tonkünstler nahmen daran Theil. An dem dazu bestimmten Tage wurden durch eine halbe Stunde alle Glocken an der Pfarrkirche geläutet; fast die ganze Stadt strömte hinzu, so daß weder der wälsche Platz die Kutschen, noch die sonst für beynahe 4000 Menschen geräumige Kirche die Verehrer des verstorbenen Künstlers fassen konnte. Das Requiem war von dem Kapellmeister Rößler, es wurde von 120 der ersten Tonkünstler, an deren Spitze die beliebte Sängerin Mad. Duschek,[93] stand, vortreflich ausgeführt. In der Mitte der Kirche stand ein herrlich beleuchtetes Trauergerüste; 3 Chöre Pauken und Trompeten ertönten im dumpfen Klange; das Seelenamt hielt der Herr Pfarrer Rudolph Fischer; 12 Schüler des kleinseitner Gymnasiums trugen Fackeln mit quer über die Schulter hangenden Trauerflören und weissen Tüchern in der Hand; festliche Stille war umher, und tausend Tränen flossen in schmerzlicher Rückerinnerung an den Künstler, der so oft durch Harmonie alle Herzen zu den lebhaftesten Gefühlen gestimmt hat.

[134] Wiener Zeitung, 24. Dezember 1791

[133] W. A. Mozart

[135] Prag: St. Niklas

Am 14. Dezember um 11 Uhr wurden in der kleinseitner Pfarrkirche bei St. Niklas in Prag die feierlichen Exequien für ihn [W. A. Mozart] gehalten; eine Feier, ganz des großen Meisters würdig, und die dem Prager Orchester des Nationaltheaters unter der Direktion des berühmten Hrn. Josef Strohbachs, das sie veranstaltete und allen Tonkünstlern daselbst, die daran Teil hatten, die größte Ehre macht. Den Tag zuvor wurde über die Todtenfeier eine gedruckte Parthe an den Adel und an das ganze Publikum gegeben; am Tage selbst wurden eine volle halbe Stunde hindurch an der Pfarrkirche alle Glocken geläutet. [...] Das Requiem war von dem berühmten Kapellmeister Rosetti. Es wurde von 120 der ersten Tonkünstler, an deren Spitze die große Sängerin Duschek stand, so herrlich exekudiert, daß Mozarts großer Geist im Elisium sich darüber freuen mußte.

[136] Musikalische Korrespondenz der Teutschen Filharmonischen Gesellschaft 1792 Nr. 1 (4. Januar), S. 3

Am 2. März des folgenden Jahres fand im »Weißen Saal« des Berliner Stadtschlosses vor König Friedrich Wilhelm II. (1744-1797) und in Anwesenheit der Berliner Prediger beider Konfessionen eine Aufführung des Oratoriums »Jesus in Gethsemane« und der »Halleluja«-Kantate statt.[94] Ob Rosetti - der Einladung des Königs folgend - dem Konzert beiwohnte, ist nicht bekannt.

[137] Berliner Stadtschloß: Großes Treppenhaus (1700/01)

Berlin den 10ten April 1792. Des Königs Majestät haben in der diesjährigen Fastenzeit zwei sehr glänzende und von der ganzen doppelten königl. Kapelle sehr gut aufgeführte geistliche Konzerte auf dem sogenannten weisen Saal des Schlosses gegeben, und [...] berlinische Prediger beider Konfeßionen dazu einladen lassen, die sich auch beinahe alle, einige 40 an der Zahl, dazu einfanden. [...] Das Orchester war mit Instrumentisten und Sängern sehr zahlreich und ausgesucht besetzt. In dem ersten Konzerte am 2ten Merz, war das Oratorium "Jesus in Gethsemane" und eine "Hallelujahkantate", beide von dem herzogl. Mecklenburgischen Kapellmeister Anton Rosetti komponirt, letztere von [...] H. J. Tode [95] gedichtet, aufgeführt. Die Komposition war den Texten angemessen. In dem Texte der Passionsmusik, dessen Verfasser unbekannt ist,[96] kamen freilich Stellen vor, die Manchem anstößig waren [...] Als Kunstwerk war die Ausführung gut, und nur als solches betrachtet sie der Hof und der Musikkenner.

[138] König Friedrich Wilhelm II. (1788)

[139] Musikalische Korrespondenz der Teutschen Filharmonischen Gesellschaft 1792 Nr. 21, S. 164 f.

Im Frühjahr 1792 erkrankte Rosetti ernstlich. Der Speyerer Verleger Heinrich Philipp Bossler, der mit ihm im März in Berlin zusammentraf, erlebte ihn *äußerst entkräftet und unkenntlich*.[97] Wenige Monate später starb Rosetti in Ludwigslust. Im »Toten-Register« der Gemeinde Ludwigslust ist 1792 unter der Nummer 38 zu lesen: *Herr Kapellmeister Anton Rosetti, gestorben am 30. Juni, beigesetzt am 3. Juli, 42 Jahre, Krankheit: an der Entkräftung.*

II.5. Drei böhmische Virtuosen der ersten Stunde: Fiala, Janitsch, Reicha

Zu den prägenden Gestalten der Früh-
zeit von Fürst Kraft Ernsts Hofkapelle
gehören auch drei Musikerpersönlichkeiten, die - wie Rosetti - aus Böhmen
stammen: Joseph Fiala, Anton Janitsch
und Joseph Reicha. Böhmische Musiker,
vor allem Bläser, waren zu jener Zeit *in
allen berühmten Orchestern Europas* anzu-
treffen, wo sie sich *theils als Instrumentalisten, theils als Kompositeurs, den grössten*

[140] Prag: Karlsbrücke (1781)

Ruhm[98] erwarben. Und auch in der Wallersteiner Kapelle war ihr Anteil stets be-
trächtlich. Fialas Wirken blieb zeitlich eher begrenzt; Janitsch und Reicha hin-
gegen gestalteten die eigentliche Blütezeit der Kapelle in den 1780er Jahren
noch maßgeblich mit.

Joseph Fiala wurde am 3. Februar 1748 im westböhmischen Lochowitz als Sohn
eines Schulmeisters geboren. *Als Leibeigner der Gräfin Netolitzgin,*[99] *der dieser Ort
gehörte, die aber ihren Wohnsitz in Prag hatte, traf ihn das Loos, sein väterliches Haus zu
verlassen, und dem Rufe seiner hohen Gebieterin zu folgen. Diese Gräfin war,* wie Fialas
Sohn Franz[100] berichtet, *eine stolze, herrschsüchtige Dame.*[101] Den ersten Musikunter-
richt hatte er noch vom Vater erhalten.
In Prag studierte er dann bei angese-
henen Lehrern: dem Oboisten Jan
Štiastný († 1782) und dem Cellisten
Franz Joseph Werner[102] (1710-1768).

[141] Fiala: Oboenkonzert B-Dur. Ms. (um 1780)

*Als er sich in der Ausbildung seiner musi-
kalischen Kenntnisse stark genug fühlte, sein
Fortkommen auf eine vortheilhaftere und
ihm angemessenere Art, auch ausser seinem
Bereiche, finden zu können, faßte er den
Entschluß (da er in dem gräflichen Hause*
*keine besseren Aussichten zu erwarten hatte), insgeheim sich zu entfernen in Begleitung eines
Koches, der ebenfalls das Joch der despotischen Behandlung abschütteln wollte. Sie hatten
schon eine Strecke Wegs zurückgelegt, als sie sich plötzlich von bewaffneten Männern um-
ringt sahen, wovon der eine ihnen einen Verhaftsbefehl von der Gräfin vorlas. Sie wurden zu-
rückgeführt und in's Gefängnis gebracht. Die Repressalien, welche die Gräfin gegen ihn aus-*

üben wollte, gingen so weit, daß sie ihm die vorderen Zähne ausbrechen lassen wollte, damit er nicht mehr blasen könnte. [...] Der Verwalter [des Gefängnisses] machte das schändliche Vorhaben der Gräfin in der Stadt bekannt, und da Fiala durch seine Musik-Kenntnisse und öffentliche Productionen auf der Hoboe in Prag bei den hohen Herrschaften sehr beliebt war, so sah er durch ihre Verwendung einer baldigen Befreiung entgegen, indem der ganze Vorfall dem Kaiser nach Wien berichtet wurde, von wo aus in Bälde ein kaiserliches Schreiben an die Gräfin gelangte, mit dem Bedeuten: „Sie möchte ihn nicht nur freilassen, sondern auch keine Hindernisse in den Weg legen, wenn er als Künstler sein Glück auswärts suchen wolle." Nach seiner Befreiung war sein erster Ausflug nach Wallerstein, wo er bei der fürstlichen Hofmusik engagirt wurde.[103]

[142] Encyclopädie der gesammten musikalischen Wissenschaften. Bd. 7. Stuttgart 1842, Anhang S. 21 f.

[143] Fiala: Streichquartette Op. 1

[144] Wallersteiner Streichquartett

1774 trat Fiala als Oboist in die Wallersteiner Hofkapelle ein, für die er auch seine ersten Kompositionen (Solokonzerte, Bläserpartiten, Streichquartette) schuf. Bereits im April 1777 wechselte er, nachdem Fürst Kraft Ernst seine Kapelle beurlaubt hatte, in das Münchner Hoforchester. Im Oktober dieses Jahres lernte er dort Wolfgang Amadé Mozart kennen, mit dem ihn eine langjährige Freundschaft verbinden sollte.

Es waren die nämlichen Leute [Musiker], die bey albert[104] im saal aufmachen[105] man kennt aber ganz gut, das sie von Fiala abgerichtet worden. Sie bliesen stück von ihm; und ich mus sagen, das sie recht hübsch sind. Er hat sehr gute gedancken. Morgen werden wir eine kleine Schlackademie[106] zusammen machen, auf dem elenden Clavier Nota bene. Auweh! Auweh!

[145] W. A. Mozart an den Vater (München, 3.10.1777)

[146] München (1761)

[147] Graf Colloredo

Im November 1778 erhielt er auf Vermittlung Leopold Mozarts eine Stellung in der Hofkapelle des Salzburger Erzbischofs Hieronymus Graf Colloredo (1732-1812) und bezog mit seiner jungen Familie (er hatte 1777 in München geheiratet) eine Wohnung in Mozarts Geburtshaus in der Getreidegasse. 1781 scheint Fürst Kraft Ernst einen erfolglosen Versuch unternommen zu haben, Fiala nach Wallerstein zurückzuholen.

H: Fiala wird vielleicht noch vor meiner nach München kommen [...] vermuthlich eilt er so, weil der Fürst von Wallerstein sich nun abermahl verhayrathet, und er zu dieser Festivität eingeladen ist.[107] [...] vielleicht (trachtet er wider dort dienste zu nehmen). Es ist aber nur so mein Einfall.

[148] Leopold Mozart an seinen Sohn (Salzburg, 8. Januar 1781)

Seit den frühen 1780er Jahren trat der *hautboïste célèbre au service de l'archevêque de Salzbourg[108]* wegen eines »Brustleidens« von Ausnahmen abgesehen nur noch als Cellist in Erscheinung. Im September 1785 verließ er Salzburg in Richtung Wien, wo ihn Mozart in die musikalischen Zirkel des Adels einführte. Sein Erfolg als Komponist und Interpret trug ihm 1786 ein Engagement beim Fürsten Orlow in St. Petersburg ein, in dessen Auftrag er eine Kapelle aufbaute. Nach seiner Rückkehr aus Rußland (1787) unternahm er Konzertreisen, u.a. durch Böhmen und die deutschen Lande, wo er auch als Gambist auftrat.

In der Berliner Monatsschr. S. 67 lehrt uns Hr. Reichardt einen Künstler dieses Namens [Fiala] als den besten noch lebenden Gambisten kennen, indem sich derselbe 1790 erst zu Breslau vor dem Könige, und bald darauf auch in Berlin mit großem Beyfalle habe hören lassen. Auch er war ein Böhme, und vielleicht derselbe, von dem das a.[lte] Lex.[ikon] Nachrichten giebt.[109]
[149] Ernst L. Gerber: Neues historisch-biographisches Lexikon der Tonkünstler. Teil 2. Leipzig 1812, Sp. 119

Zu Neujahr 1792 trat Fiala in die Dienste des Fürsten von Fürstenberg in Donaueschingen, bei dem er als Cellovirtuose und Hofkomponist Anstellung fand - und seßhaft wurde. Er starb am 31. Juli 1816 in Donaueschingen. Sein Oeuvre umfaßt hauptsächlich Instrumentalmusik, darunter an die zehn Sinfonien, zahlreiche Solokonzerte und viel Kammermusik.

[150] Ansicht von Donaueschingen (1826)

Der wohl schon seit seiner Prager Studienzeit mit Fiala befreundete Cellist Joseph Reicha wurde am 12. Februar 1752 in Chudenice bei Klattau (Westböhmen) geboren. Seine Jugend verbrachte er im Hause seines älteren Bruders in Prag, wo er wie Fiala bei Franz Joseph Werner studierte. 1774 trat er als erster Cellist in die Wallersteiner Hofkapelle ein. Spätestens seit den frühen 1780er Jahren fungierte er auch als Kapellmeister. 1781 nahm er seinen halbwaisen Neffen Anton Reicha (1770-1836), der später in Wien und Paris als Komponist Erfolge feiern sollte, bei sich auf und lehrte ihn, mehrere Instrumente zu spielen.

[151] Joseph Reicha

Mein Onkel war der jüngste Sohn der Familie. Während seiner Studienzeit in Prag lebte er im Hause meiner Eltern, wo er wie ein eigenes Kind behandelt wurde. Er nahm mich mit offenen Armen auf [...] Meines Onkels Frau, aus Metz gebürtig,[110] sprach nur Französisch, was es uns unmöglich machte, einander zu verstehen, und mir, ihre Zuneigung zu gewinnen. Ich mußte also Deutsch und Französisch lernen. Meine Muttersprache vergaß ich völlig. In Böhmen, einem Land mit musikalischer Kultur, das der Welt viele gefeierte Musiker geschenkt hat, war meine musikalische Erziehung versäumt worden; aber jetzt lernte ich, Geige, Flöte und Klavier zu spielen.
[152] Anton Reicha: Autobiographie (Ms. um 1835; Paris, Bibliothèque de l'Opéra)

[153] Joseph Reicha: Partita D-Dur. Autograph (um 1784)

Fürst Kraft Ernst schätzte Reicha offensichtlich sehr, was unter anderem darin zum Ausdruck kam, daß er ihm mit 750 Gulden zuletzt ein Gehalt zugestand, daß auch die höchsten Einkommen in der Kapelle noch um nahezu 100 Prozent überstieg. Trotzdem trat Reicha im April 1785 als Konzertmeister in die Dienste des Kölner Erzbischofs Maximilian Franz (1756-1801), der ihn kurze Zeit später mit einem Jahresgehalt von 1000 Gulden zum Konzertdirektor der Bonner Hofkapelle ernannte. Seit 1789 war Reicha auch Musikdirektor des *Churfürstl. Köllnischen* Nationaltheaters in Bonn.

[154] Maximilian Franz

Ein wichtiges Ereignis [...] war die Berufung meines Onkels zum musikalischen Leiter und Direktor des Theaters durch Maximilian von Österreich, eines Bruders Kaiser Josephs II., der Kurfürst von Köln war. Er hatte meinen Onkel in Wien kennengelernt und brachte ihm die höchste Wertschätzung gegenüber.

[155] Anton Reicha: Autobiographie (um 1835)

Anton Reicha erhielt in der Bonner Kapelle eine Anstellung als Geiger und Flötist. Um 1790 ist der junge Beethoven im gleichen Orchester u.a. als Bratscher nachweisbar. Die langjährige Freundschaft der beiden Gleichaltrigen hat ihre Wurzeln in ihrer gemeinsamen Bonner Zeit.

Kurfürstlichköllnische Kabinets- Kapell- und Hofmusik. 1791. [...] Instrumentalmusik: (Die mit einem * bezeichneten sind Solospieler, die mit Recht unter die Virtuosen gezählt werden können. Zwei ** bedeuten zugleich Komponisten.) Direktor: Hr. Joseph Reicha.** Violinisten: Hr. Drewer. [...] Hr. Ant. Reicha. Hr. Romberg der ältere. Flautisten: Hr. Pfau. Hr. Ant. Reicha, fängt an zu komponiren. [...] Braccisten: Hr. Havek. Hr. Walter. Hr. Beethoven. Hr. Lux. [...] Klavierkonzerte spielt Hr. Ludwig van Beethoven.

[156] Musikalische Korrespondenz vom 13. Juli 1791, S. 221

Seit Anfang der 1790er Jahre litt der von Gerber *wegen seiner vorzüglichen Stärke und Geschicklichkeit* [111] auf dem Violoncello gerühmte Reicha an Gicht, so daß er zuletzt *für die Kunst fast ganz unbrauchbar* [112] war.

[157] Bonn: Kurfürstliche Residenz (1780)

Im Oktober 1794, nach der Besetzung Bonns durch die Franzosen, wurde der kurfürstliche Hof und mit ihm auch die Kapelle aufgelöst. Reicha starb kurze Zeit später am 5. März 1795 in Bonn. Sein kompositorisches Oeuvre entstand fast ausschließlich während seines elfjährigen Engagements in Wallerstein. Es umfaßt Sinfonien, Solokonzerte (darunter mehrere für Violoncello), eine Anzahl Streichduette und 11 Bläserpartiten[113].

Mein Onkel war mir ein Vater, der durch seine Güte meine Ausbildung möglich machte. Mein Werk ist seinem Angedenken gewidmet [...] Mein Onkel war ein ausgezeichneter Musiker, der meisterlich Violine, Klavier und Violoncello spielte; für letzteres Instrument komponierte er einige herausragende Werke. [...] Ein Adagio, das er auf den Tod der großen österreichischen Kaiserin Maria Theresia schrieb, ist ein eindrucksvolles Beispiel für sein Schaffen.[114]
[158] Anton Reicha: Autobiographie (um 1835)

[159] Anton Reicha

Der 1752 oder 1753 geborene Anton Janitsch, »Wunderkind«, Schüler des italienischen Violinvirtuosen Gaetano Pugnani (1731-1798) in Turin und während seiner Wallersteiner Jahre immer wieder auch Duopartner Joseph Reichas, der für gemeinsame Auftritte seine *Duetti a Violino e Violoncello* schrieb, war bereits mit 16 Jahren Konzertmeister der kurtrierischen Kapelle in Koblenz.

Sein grosses Talent, als [...] Virtuos auf der Violin, fast in allen Ländern Europas bekannt, leuchtete schon in seinem 4ten Jugendjahre hervor, weswegen sein Vater alles anwandte, um dieses Talent immer mehr zu entwickeln, und in seinem 7ten Jahre zog er schon die Bewunderung aller helvetischen Musikkenner auf sich. Im 12ten Jahre seines Alters schickte sein Vater ihn, zur Vervollkommnung seiner Kunst, nach Turin, zu dem berühmten Virtuosen Pugnani, wo er schon im zweyten Jahre seinem Lehrer, an Fertigkeit, und im Adagio besonders, an Reinheit, Deutlichkeit und Methode gleich kam. In seinem 16ten Lebensjahre wurde er, als Concertmeister bey Sr. Durchlaucht, dem Churfürsten von Trier mit 2000 fl. Gehalt ernannt, [...] wo zugleich sein Talent, als Deutschlands erster Violinist bekannt wurde.
[160] Intelligenzblatt zur Allgemeinen Musikalischen Zeitung 14 (1812) VIII, S. 34

[161] Anton Janitsch

1774 wechselte er von Koblenz nach Wallerstein. 1775 charakterisiert Schubart ihn folgendermaßen: *Janitsch ist der erste Virtuos dieses Hofs. Er zaubert alles auf seiner Geige weg, was man ihm vorlegt, und ist der gröste Leser, den ich kenne.[115]* Wegen finanzieller Schwierigkeiten, die ihn zeitlebens plagen sollten, gewährte der Fürst ihm immer wieder Urlaub, damit er auf Konzertreisen zusätzliche Einkünfte

[162] Antonio Rosetti: Violinkonzert F-Dur. Ms. (um 1790)

erzielen konnte. Sein erstes Wallersteiner Engagement endete 1779, als er
vor seinen Gläubigern flüchten mußte. Zwischen 1782 und 1785 war er
dann erneut der *erste Geiger* [116] in Kraft
Ernsts Hofkapelle.

Votre Altesse et Trés gracieux Maittre,
Esperant que Son Alteße voudra bien rece-
voir d'un Oeuil favorable, La trés Humble
prier dout j'ai L'honeur de Lui fair, ayant
recu des Lettres de mon frere. Lequel me
Marque que L'on Deßire ardament de
m'avoir à Berlin cette yverts, peut entrepren-
dre. [...] je Limplore donc tres humblement,
et, La Supplie Trés Respectueußement de
Voulloir bien M'accorder La permißion d'y,
aller, fair un tour pour quelque mois, et de
pouvoir profitter de cette occaßion favorable
qui ce preßente pour moy [...] je tacherai par
cette méme occaßion de me proccurer außi un

[163]

bon Violon; j'y reitere encore une trés humble prier, en Suppliant Son Altesse et Trés Gras-
cieux Maittre, de maccorder La grace d'un petit avancement de peut de choße affin que je puiße
mediocrement fair mon Voyage, ce que je demande Remboursser, à mon retour car ne pouvant
pas priver ma famille; d'un obole pendant L'espace de mon absence, jespere et attant tous de
Leffets, et des graces, de Son Alteße, et espere obtenir sa permißion Ayant L'honneur detre
avec Le plus profond Respect et attaschement, De Votre Alteße et Tres serenißime Maittre
Le plus humble et obeissant serviteur Janitsch

[163] Janitsch an Fürst Kraft Ernst (Hohenaltheim, 17. September 1783)

Anton Janitsch. Ein sehr guter, gründlicher und angenehmer Geiger. Sein Solo ist stark, an
schwierigen Sätzen reich; und sein Vortrag überhaupt hat volle Deutlichkeit: auch im Sturme
der Phantasie wird er nicht aus den Ufern des Tacts getrieben. Niemand trägt die Beekischen
Compositionen kräftiger vor als Janitsch. Sein Strich ist durchschneidend, und seine Stellung
einnehmend und schön. Es gibt wenig Geiger, welche im Solo und in der Begleitung so gleich
stark wären, wie Janitsch.

[164] C. F. D. Schubart   [165] Christian Friedrich Daniel Schubart: Ideen zu einer Ästhetik der Tonkunst (1784/85). Wien 1806, S. 168 f.

1785 ging er erneut auf Reisen. 1788-1790 und ab 1793 stand er dann in Diensten des Grafen Ludwig zu Bentheim-Steinfurt (1756-1817) in Burgsteinfurt
(Westfalen). Anfang der 1790er Jahre war er u.a. auch Kapellmeister der Groß-
mannschen Theatertruppe in Hannover und der »Comédie allemande« in Amsterdam. 1795 übernahm er die Leitung der Burgsteinfurter Hofkapelle, 1796

ernannte Graf Ludwig ihn zum »Concert Meister« auf Lebenszeit. Im Juli
1812 meldet die Allgemeine musikalische Zeitung seinen Tod: *Den 12ten*
März 1812 starb der bey Sr. Erlaucht, dem
Grafen von Burg-Steinfurt als Kapellmei-
ster im Dienste gestandene Anton Janitsch,
im 59sten Jahre seines Alters, nach 26 Jah-
ren geleisteten treuen Diensten.[117]

[166] Burgsteinfurt, »Konzertgalerie« (1773/74)

Während der späten 1770er Jahre, als die Wallersteinsche Hofmusik suspendiert
war, unternahmen Janitsch und Reicha gemeinsame Konzertreisen: 1776 und
1777 führten sie Auftritte z.B. nach Frankfurt, Gotha und Leipzig; 1778 besuch-
ten sie Salzburg - hier waren sie im Hause Leopold Mozarts zu Gast - und Wien,
wo sie am 23. und 27. März in Akademien der Tonkünstler-Societät im Theater
am Kärntnertor auftraten.

[167] Wien: Theater
am Kärntnertor

Künftigen Sonntag wird ein großes vollstim-
miges Concert im Junghof in dem neu erbau-
ten Commödien-Haus gehalten, wobey sich
die Mademoiselle Tauber,[118] *Mr. Janitsch,*
Mr. Krumpholz[119] *und Mr. Reicha werden*
hören lassen, welche sich zwar schon den er-
sten Mess-Sonntag im rothen Hauss haben
produciret, und den zweyten im Junghof in
dem neuerbauten Commödien-Saal, weilen
der Ort sehr favorabel für die Music ist, so

[168] Frankfurt am Main: Komödienhaus (1793)

haben sich dieselben entschlossen, den künfftigen Sonntag, nemlich den 22. September noch-
mahls mit einem Concert aufzutreten. Der Anfang ist um 6 Uhr, die Plätze werden so wie
in der Commödien bezahlt.
[169] Franckfurter Frag- und Anzeigungs-Nachrichten vom 22. September 1776

Reicha et Janitsch m'ont ecrit de Francfort, qu'ils contoient aller a Saxe Gotha et Leipzig,
ou je leurs dois adresser mes lettres, il me semblent que leurs profits et assés mediocre, mais
jusqu'apresent ils se sont tirés d'affaire.
[170] Ignaz von Beecke an Fürst Kraft Ernst (Wien, 2. Oktober 1776)

H: Janitsch der Violonist und ein Violozellist von wallerstein sind hier, sie waren gleich bei
mir, haben einen Brief vom Becke, der schon voraus nach Wienn ist, an gr: Khünburg mit-
gebracht. der Erzbischof[120] *hört sie bey Hofe nicht; sie können sagte er, wenn sie wollen, eine*
Akademy geben, doch sagte er gar nicht, daß er dazu kommen wollte. was weiter geschieht,
und was ich aus ihren Reden gemerkt, werde nächstens schreiben, Becke muß sehr eyfersichtig
über den Wolfg. seyn, er sucht ihn so klein zu machen, als es immer möglich ist[121] *[...] Die 2 H:*

[171] Salzburg: Wohnhaus der Mozarts ab 1773

von Wallerstein wollten absolut die Nannerl spielen hören, sie liessen es sich entwischen, daß es ihnen nur darum zu thun war aus ihrem gusto auf deine Spielart zu schlüssen, so wie sehr darauf drangen etwas von deiner Composition zu hören. Sie spielte deine So-nate von Manheim[122] recht treflich mit al-ler Expression. Sie waren über ihr spielen und über die Composition sehr verwundert,

sagten, sie hätten niemals etwas von dir gehört, Sie sagten es wären lauter neue und besondere gedanken: und Reicha der Violozellist, der recht gut das Clavier spielt, und dann auch auf dem flügl recht bündig orgelmässig vorhero spielte sagte öfter, das heist recht gründlich Componiert! Sie accompagnierten dann der Nannerl dein Trio für Clavier ex B[123] und recht recht vortrefflich.

[172] Leopold Mozart an Frau und Sohn in Mannheim (Salzburg, 26. Januar 1778)

[173] Salzburg (1791)

Heute vormittage sind Janitsch und Reicha mit dem Postwagen nach Linz abgefahren. Sie werden in ihrem Concert gegen 70 fl eingenomen haben. der Erzb: gab nur 8 Thaler Einla-ge. Sie spielen beyde recht schön, haben eine erstaunliche fertigkeit und Richtigkeit des Bogens, sichere Intonation, einen schönen Ton und die gröste Expression. der Reicha ist ein ganzer Kerl. Janitsch hat die Lollische manier,[124] das adagio ist aber viel besser. Ich bin halt kein Liebhaber von denen er-schreckl: geschwindigkeiten wo man nur kaum mit dem halben tone der Violine alles herausbringen, und so zu sagen mit dem Bogen kaum die Geige be-rühren und fast in Lüften spielen muß. [...] Beyde aber haben den Beckischen fehler der zurückhaltung,

[174] J. Reicha: Duett d-moll. Ms. (ca. 1780)

wo sie das ganze Orchester mit Augenwink und ihrer Bewegung zurück halten, und dann erst wieder im vorigen Tempo fortgehen. am Ende spielten sie ein Duetto[125] zusammen mit Contratempo und der erstaunlichsten Execution und Netigkeit. [...] Sie waren gestern den ganzen Nachmittag noch bey uns bis 6 uhr abends. deine Schwester muste deine Clavier Concert aus dem Spart spielen, und andere sachen etc: wir spielten die Violine dazu. deine Composition gefiel ihnen erstaunlich. das Concert, so Reicha spielte, war von ihm,[126] recht gut, neue Gedanken, und viel auf deinen Schlag, es gefiel auch dem Haydn.[127]

[175] Michael Haydn

[176] Leopold Mozart an seinen Sohn in Mannheim (Salzburg, 29. Januar 1778)

EXKURS

Der folgende Brief des Mittenwalder *Lauten- und Geigenmachers* Johann Caspar Tiefenbrunner[128] vom Oktober 1779 fand sich vor Jahren zufällig in einem Hand-schriften-Codex der Oettingen-Wallersteinschen Bibliothek. Offensichtlich hat-te Fürst Kraft Ernst, der - nach Jahren der Vernachlässigung - sich wieder seiner Hofkapelle zuzuwenden gedachte (vgl. Kapitel II.2), Tiefenbrunner beauftragt, einige Streichinstrumente zu reparieren. Ob der Bitte des Geigenbauers um Anstellung entsprochen wurde, ist ungeklärt.

Durchlauchtigster Reichs Fürst, Gnädigster Fürst, und Herr Herr! Während meines Aufenthaltes dahier, und zu Hohenaltheim, habe ich verschiedene Reparationen an denen Herrschaftl[n] *Musical-Instrumenten zur höchsten Zufriedenheit vorzunehmen die Gnade gehabt. Ich wäre nun gesinnt, für die Zukunft, wenn mir die Verfertig- und Reparirung der Herrschaftl*[n] *Music Instrumenten gegen einen jährlich gnädigst zu bestimmenden Gehalt, gnädigst zugesichert würde, mich in dem Hochfürstl: Residenz-Ort Wallerstein ansässig zu machen. Ich*

nehme derohalben die unterthänigste Freyheit Eurer Hochfürstl: Durchlaucht um gnädigste Anvertrauung der mehrbenannten Herrschaftlichen Music Instrumenten, und Auswerfung eines Gehaltes unterthänigst zu bitten. Ich werde diese höchste Gnade durch unermüdeten Fleiß, und Eifer /: der mir auch Vermög schriftl[r] *Attestaten von anderen hohen Herrschaften bewähret werden :/ in Verfertigung, der mir gnädigst übertragen werdenden Arbeiten auf einige Weiß zu demeriren mir äusserst angelegen seyn lassen.*

[177] Johann Caspar Tiefenbrunner an Fürst Kraft Ernst (Wallerstein, 20. Oktober 1779)

II.6. Musik für die Wallersteiner Bläser: Feldmayr, Winneberger, Witt

Die Qualität der Wallersteiner Bläser war außerordentlich, so daß die exponierte Rolle, die dieser Instrumentengruppe in vielen Werken der Hofkomponisten zukommt, nicht überrascht. Neben Bläserkonzerten bildeten (nach 1780) auch Harmoniemusiken, d.h. mehrsätzige Kompositionen für gemischte Bläserensembles (häufig als Partiten oder Parthien bezeichnet), einen erheblichen Teil des Repertoires und machen Kraft Ernsts Hofkapelle zu einem Zentrum der Pflege dieser Musikgattung in Deutschland. Bei den in der Oettingen-Wallersteinschen Bibliothek enthaltenen Werken der Gattung handelt es sich, da der Fürst für die zur damaligen Zeit so beliebten Arrangements aus Opern und Balletten nur wenig übrig hatte, größtenteils um Originalkompositionen der Hofkomponisten (insgesamt 73 Werke). Neben Reicha und Rosetti sind es vor allem Georg Feldmayr, Paul Winneberger und auch Friedrich Witt, die sich mit Harmoniemusik hervorgetan haben.[129]

Johann Georg Feldmayr wurde am 17. Dezember 1756 in Pfaffenhofen an der Ilm geboren. Seine (auch musikalische) Ausbildung erhielt er im Augustiner-Chorherrenstift Indersdorf. Um 1780 fand er in Wallerstein Anstellung als Geiger; daneben wurde er als Tenorsolist und wohl auch als Flötist eingesetzt.

[178] Indersdorf: Klosterkirche

Nach dem Weggang Rosettis übernahm er außerdem die Pflichten des Kapellmeisters. Feldmayr war ein fleißiger Komponist. Die meisten seiner Werke (Solokonzerte, Sinfonien, Bläserpartiten und viel Vokalmusik) entstanden speziell für das Wallersteiner Ensemble.[130] Seine 20 Partiten[131] zeigen handwerkliches Können, erreichen aber nicht ganz die Meisterschaft der Harmoniemusiken eines Reicha oder eines Rosetti. Wie andere

[179] Georg Feldmayr: Partita D-Dur. Autograph (1790)

Hofmusiker litt auch Feldmayr beständig unter Geldmangel, der im Laufe der 1790er Jahre allerdings dramatisch anstieg. Im Bericht eines Hofbeamten vom 9. Oktober 1795 heißt es: *Ohne Geld borgt dem Feldmayr kein Mensch, da er gestern nichts mit den Seinen gegessen hatte, habe ich wenigstens gesorgt, daß er sich diesen Mittag sättigen könne.*[132] 1797 hielt er sich - um seine finanzielle Situation zu bessern - vornehmlich in Donauwörth auf. Ende 1798 ist er wieder in Wallerstein nachweisbar, das er dann im Frühjahr 1800 endgültig verließ. Am 6. Juni meldet der Adlerwirt, daß *der treu- und ehrlose Feldmayer seine ganze Familie zurückgelassen und diese seit seines Austrits [ihm] allein aufgehalset* habe.[133] In einer anderen Quelle heißt es demgegenüber: *Um's Jahr 1800 machte er als Flötenvirtuos eine Reise durch Deutschland, auf der er sich viel Ruhm erwarb.*[134] Feldmayr wandte sich nach Norddeutschland, wo er sich - erfolglos - um eine Anstellung am Mecklenburg-Schweriner Hof in Ludwigslust bemühte. Seit 1802 lebte er in Hamburg. Um 1811/12 ist er als Geiger im Orchester des Deutschen Theaters am Gänsemarkt und noch 1818 als *angesehener Instrumental-Componist, Virtuos auf der Flöte und gründlicher Lehrer der Musik*[135] belegt. Feldmayrs Todesjahr ist nicht bekannt: er starb - vermutlich in Hamburg - 1831 oder später.[136]

[180] Ludwigslust

Der um zwei Jahre jüngere Paul Winneberger (* 7. Oktober 1758 in Mergentheim) kam etwa gleichzeitig mit Feldmayr nach Wallerstein. Der ehemalige Jesuitenzögling hatte nach Abbruch eines Theologiestudiums in Mannheim bei Georg Joseph »Abbé« Vogler (1749-1814) und Ignaz Holzbauer Musiktheorie und Komposition studiert. Auf den Rat des Mannheimer Konzertmeisters Ignaz Fränzl (1736-1811) hin, wandte sich der Violinist Winneberger dem Cello zu und wurde in der Folge im Mannheimer Orchester als Substitut für Franz Danzi (1763-1826) eingesetzt, wenn dieser auf Konzertreisen ging. Wohl im Herbst 1780 trat er in die Wallersteiner Hofkapelle ein. Seine ersten datierten Kompositionen stammen aus dem Jahr 1782. 1783 schlug er ein Angebot Herzog Friedrichs von Mecklenburg-Schwerin aus, an den Hof in Ludwigslust zu wechseln.

[181] Ignaz Fränzl

Nach Janitschs und Reichas Weggang 1785 avancierte er zum Konzertmeister und Leiter der »fürstlichen Jagd- und Tafelmusik«. Winneberger, der neben Sinfonien und Solokonzerten auch geistliche Musik hinterließ, schuf insgesamt 21 Bläserpartiten. 1791 dirigierte er in Mergentheim die Kapelle des Kölner Erzbischofs, die zu der Zeit von seinem ehemaligen Kollegen Reicha geleitet wurde.

[182] Paul Winneberger: Partita F-Dur. Autograph 1794

Den anderen Morgen war um 10 Uhr Probe auf das feierliche Hofkonzert, das gegen 6 Uhr Abends seinen Anfang nahm [...] Hr. Winneberger von Wallerstein legte in dieser Probe eine von ihm gesetzte Sinfonie auf, die gewiß nicht leicht war, weil besonders die Blasinstrumente einige konzertirende Solos hatten. Aber sie gieng gleich das erstemal vortreflich, zur Verwunderung des Komponisten. Eine Stunde nach der Tafelmusik gieng das Hofkonzert an. Die Eröffnung geschah durch eine Sinfonie von Mozart [...] Den Beschluß machte die Sinfonie von Hr. Winneberger, die sehr viel brilliante Stellen hatte. [...] die Aufführung

[183] Mergentheim: Deutschordensschloß

konnte durchaus nicht pünktlicher seyn, als sie war. Ein solch genaue Beobachtung des Piano, des Forte, des Rinforzando, eine solche Schwellung, und allmählige Anwachsung des Tons, und dann wieder ein Sinkenlassen desselben, von der höchsten Stärke bis zum leisesten Laut, dies hörte man ehemals nur in Mannheim. [...] Selbst Hr. Winneberger war vollkommen dieser Meinung, wenn er diese Musik mit der gleichfalls sehr guten Musik in Wallerstein verglich.
[184] Carl Ludwig Junker, in: Musikalische Korrespondenz 1791 Nr. 47 (23. November), S. 375 f.

Ende der 1790er Jahre neigte sich die große Zeit der Wallersteiner Hofmusik ihrem Ende zu. Dies hatte vor allem äußere Ursachen, auf die in Kapitel IV noch einzugehen sein wird. Winneberger verließ Wallerstein 1798. Im Herbst desselben Jahres ließ er sich in Hamburg nieder, wo er als Cellist im Französischen Theater und im Theater am Gänsemarkt ebenso belegt ist wie als Pädago-

ge.[137] Zu seinen Schülern zählt u.a. der Pianist Johann Heinrich Clasing (1779-1829). Winneberger starb am 8. Februar 1821 in Hamburg.

[185] Hamburg: Blick auf Binnenalster und Jungfernstieg (1799)

Demoiselle Guenêt, Sängerin bey der hiesigen französischen Oper, [...] sang unter andern eine Arie von einem Herrn Winneberger, der sich auch an diesem Abende mit einem selbstkomponierten Violoncell-konzerte hören ließ. Dieser Herr Winneberger ist ein sehr guter Orchester- und Konzert-spieler, auch besitzt er Kompositionskenntnisse, nur scheint es ihm an Geschmack und gehöriger Ausbildung zu fehlen. Herr Köber,[138] ein Schwager von ihm, und Schüler des mit Recht berühmten, und leider gar zu früh verstorbenen Hoboisten le Brun,[139] blies ein Hoboekonzert, gleichfalls von eigener Komposition, recht gut, und beschloß eine der Cadencen, um einen Beweis von der Dauer seines Athems zu geben, mit einem merkwürdigen Triller, der einige Minuten währte.
[186] Christian Friedrich Gottlieb Schwenke, in: Allgemeine musikalische Zeitung 2 (1799/1800), Sp. 413

[187] Paul Winneberger: Sinfonie F-Dur. Autogr. (1793)

[Winneberger] ein als Componist wie als praktischer Tonkünstler sehr achtungswer-ther Mann, stand zunächst mehrere Jahre als Director der Jagd- und Tafelmusik in Diensten des Fürsten zu Wallerstein. Die-ses Amt gab ihm Gelegenheit zur Compo-sition vieler Harmonie und Hornmusiken, in welcher Richtung sich dann sein Talent hauptsächlich ausbildete. Für Gesang hat er unsers Wissens sehr Weniges geschrieben, aber zu Anfange dieses Jahrhunderts gehörte er zu

den beliebtesten Instrumental-Componisten. [...] Als solcher [Violoncellist], wie denn auch als Clavierspieler, zeichnete er sich sowohl durch Fertigkeit als geschmackvollen Vortrag sehr aus. 1802 führte er zu Hamburg eine Neujahrscantate seiner Composition auf. Später erschienen von ihm im Druck mehrere Quartette für Streichinstrumente, Concertino's für Violoncell, Einiges auch für andere Instrumente. Die Werke fanden Theilnahme, wie sie es auch ihres angenehmen, leichten und gefälligen Styls halber verdienten. [...] Als das französische Theater in Hamburg aufgehoben ward [1814], trat er zur städtischen Capelle über, und blieb auch in derselben bis an seinen Tod [...].

[188] Encyclopädie der gesammten musikalischen Wissenschaften. Bd. 6. Stuttgart 1838, S. 872 f.

Witt, [...] ein talentvoller und sehr beliebter Komponist, [...] widmete sich sehr früh mit größtem Eifer der Tonkunst und mit so gutem Erfolge, daß er sehr bald bey der um 1790 so berühmten Fürstl. Oetting-Wallersteinischen Kapelle als Violoncellist angestellt, und in Rücksicht seiner vortrefflichen Anlagen von dem dasigen berühmten Kapellmeister Rosetti in der Komposition unterrichtet wurde.[140] Mit ausgezeichnetem Fleiße und

[189] Friedrich Witt: Partita F-Dur. Autograph (1791)

zur Zufriedenheit des ganzen dasigen Hofs versah Hr. Witt seinen Dienst und machte dabei solche Fortschritte in der Komposition, daß man an diesem geschmackvollen Hofe seine Stücke gern und mit allgemeinem Beyfalle hörte, und selbst in Berlin ein von ihm für den König Friedrich Wilhelm II., geschriebenes Oratorium[141] mit allgemeiner Zufriedenheit des Hofs und der Kunstkenner aufführe.

[190] Ernst L. Gerber: Neues historisch-biographisches Lexikon der Tonkünstler. Teil 4. Leipzig 1814, Sp. 593

Die Cellisten Winneberger und Friedrich Witt saßen nicht nur jahrelang nebeneinander im Orchester, sie stammen auch aus der gleichen Region. Der am 8. November 1770 in Niederstetten bei Mergentheim geborene Kantorensohn Witt trat im Januar 1790 in Fürst Kraft Ernsts Dienste. Während seiner Wallersteiner Zeit entstanden eine Reihe von Harmoniemusiken sowie Sinfonien, Solokonzerte und Kammermusik. Der Fürst gewährte ihm mehrfach Urlaub für Konzertreisen. Einige dieser Reisen unternahm er zusammen mit dem zwischen 1785 und 1796 in Wallerstein engagierten Klarinettisten Joseph Beer[142] (1770-1819), mit dem er u.a. in Potsdam, Ludwigslust und Wien auftrat.

[191] Potsdam: Stadtschloß (um 1780)

Die Herren Witt und Bähr sind hier, werden aber diese Nacht von hier abreisen, ich muß Ihnen unter uns gestehen, daß sie bei einen jeden sehr vill Beyfall gefunden haben,

man betrauert nur daß die Herren so nach Hause Eylen, Witt seine Sinfonien haben sehr
gefallen und Eben so dem Bähr sein Blaßen, und da wir schon einen Bähren[143] haben, so
gebe daß ein hübsches gespann dann unser Clarinettist ist von Herzen schlecht, und Witt
wäre so ein Mann der uns Blaßern allen helfen könnte.
[192] Karl Türrschmidt[144] an Ignaz von Beecke (Potsdam, 24. März 1794)

[193] Klarinette und Querflöte (Anfang 19. Jh.)

[194] Paul Wranitzky

Wir leben hier [in Wien] recht vergnügl: und
wer sollte es hier nicht sein? da Vergnügen von
aller erklecklichen Art im Überfluß da ist, so
gar Morgens um 7 Uhr ist alle Sonnabend im
Augarten Concert, vorgestern legte ich dort eine
Sinfonie auf und Bär blies ein Concert von mir,
vermutlich muß es der Directeur schon auspo-
saunt haben, denn es war Wranizci,[145] Giro-
wez[146] und unser Vatter Haydn dabei [...] Der Bähr hatte sich durch meine 2 Quartetten,
die er beim Wranizci blies in einen solchen Ruf gesetzt, daß jedermann begierig war ihn zu
hören [...] ich freute mich königlich auch hier auf der musikalischen Hohenschule Beifall
einzuernten. Bär blies wie ein Gott.
[195] Friedrich Witt an einen Wallersteiner Bekannten (Wien, Juli 1796)

1802 - nach Jahren des Reisens - berief der Würzburger Bischof Georg Karl
von Fechenbach († 1808) Witt zum Hofkapellmeister, ein Amt, das er bis zur
Auflösung der Hofmusik im Jahr 1814 innehatte. 1804 wurde er zudem Musikdirektor des neugegründeten Würzburger Stadttheaters. Witt starb hochgeach-
tet am 3. Januar 1836 in Würzburg. Seine Orchestermusik war zu seiner Zeit
beliebt und weit verbreitet. Der Offenbacher Verleger André brachte neun seiner Sinfonien im Druck heraus. Witt, der auch zwei Opern und einige größere

[196] Würzburg: Resi-
denz, (um 1830/40)

Chorwerke hinterließ, darunter das Oratorium
»Der leidende Heiland« (1802), das ihm den
Posten des Würzburger Hofkapellmeisters
eingetragen hatte, ist als Schöpfer der sogenannten »Jenaer Sinfonie« in die Musikgeschichte eingegangen. Diese 1909 wiederent-
deckte Sinfonie, die bis in die späten 1950er
Jahre Beethoven zugeschrieben wurde, entstand in den 1790er Jahren - möglicherweise
in Wallerstein.

[197] Friedrich Witt: Sinfonie Nr. 8 E-Dur

Das Wallersteiner Orchester verfügte
stets über Hornisten von Rang. Die
extremen technischen Anforderungen,
welche die speziell für sie geschaffe-
nen Kompositionen prägen, belegen
bis heute eindrucksvoll, daß sie aus-
gesuchten Virtuosen »auf den Leib»
geschrieben wurden. Neben zahlreichen Solohornkonzerten, die sich in
der Oettingen-Wallersteinschen Bi-

[198] Rosetti: Hornkonzert Es-Dur. Autogr. (1779)[147]

bliothek erhalten haben, ist hier auch auf die Gruppe der Konzerte für zwei
Hörner und Orchester hinzuweisen. Während der Blütezeit der Kapelle waren
die Positionen des ersten (hohen) und zweiten (tiefen) Hornisten mit insgesamt
nur vier Spielern besetzt, die jeweils ein festes Duo bildeten und über Jahrzehnte
hinweg eine personelle Kontinuität gewährleisteten wie in kaum einer anderen
Instrumentengruppe des Orchesters. Darüber hinaus konnten im Bedarfsfall
(etwa für die Harmoniemusik oder für Aufführungen von Hornkonzerten) zusätzliche kompetente Spieler rekrutiert werden.[148]

[199] Hohenaltheim:
Schloß (Mitte 18. Jh.)

Im April 1752 trat der gebürtige Böhme Johann Türrschmidt (* 24. Juni 1725
in Leschgau), den die frühen Lexikographen als einen *der besten Hornvirtuosen seiner Zeit* bezeichnen,[149] als »Primario«-Spieler in Graf Philipp Karls Hofkapelle
ein; am zweiten Pult saß Joseph Fritsch (um 1725 - nach 1806). Nach dem Tod
des Grafen (1766) wechselten beide in die Hofkapelle des Fürsten von Thurn
und Taxis in Regensburg. Schon kurze Zeit nach Kraft Ernsts Regierungsantritt
war Türrschmidt wieder zurück in Wallerstein, während Fritsch in Regensburg

blieb. Mit Türrschmidt und dem 1773 neuenga-
gierten Johann Georg Nisle verfügte das Hoforchester über ein Hornpaar, das demjenigen
der 1780er und 1790er Jahre (Nagel/Zwierzina)
durchaus ebenbürtig war. 1780 wechselte Johann Türrschmidt - aus Altersgründen - vom
ersten Horn zur Bratsche, wurde aber auch
weiterhin als Hornist eingesetzt, wenn ein zu-
sätzlicher Spieler benötigt wurde. Noch 1781
reiste er mit seinem Sohn und Schüler Karl
Türrschmidt (1753-1797), der mit dem Böhmen

MUSIQUE.

Aujourd'hui Concert au Château des Tuileries.

Il commencera par une Symphonie de le
Duc. — M. *Guichard* chantera un Air Italien
de M. *Piccini*. — M. *Ozi* exécutera un nouveau
Concerto de basson de la composition de M.
de Vienne. — M.me *Ponteuil*, MM. *Nihoul*,
le *Gros* & *Lais*, chanteront un Quatuor del
Sig. *Sacchini*. — M. *Cappron* exécutera un
nouveau Concerto de violon de sa composition.
— MM. *Palsa* & *Tierschmiedt* exécuteront un
nouveau Concerto de cors de chasse de la Composition de M. *Rosetti*.
Le Concert finira par Stabat Mater de Per-
golèse, dans lequel M.me *Todi* & M. *Nihoul*
chanteront.
On ne commencera qu'à 6 heures & demie.

[200] Journal de Paris, 24. März 1780

Jan Palsa (1752-1792) seit den 1770er Jahren ein in ganz Europa gefeiertes Hornduo bildete,[150] für einen gemeinsamen Auftritt nach London. Johann Türrschmidt starb am 7. September 1800 in Wallerstein.

Inzwischen muß man doch bekennen, daß [Nisle] im Secondhorn schwerlich seines Gleichen hat. Seine Doppelzunge, seine Tonschwellung, die Leichtigkeit, womit er das fünf gestrichene Contra C hascht, sein leichtes Spiel der Töne, und sonderlich sein Portamento, erheben ihn zu einem Flügelmann unter den Waldhornisten.
[201] Christian Friedrich Daniel Schubart: Ideen zu einer Ästhetik der Tonkunst (1784/85). Wien 1806, S. 155

Türrschmidts Pultnachbar Johann Georg Nisle (* 24. März 1731 in Geislingen) war zunächst Oboist. Das Hornspiel erlernte er bei Johann Joseph Rudolph (1730-1812), dem ersten Hornisten der Stuttgarter Hofkapelle, als deren zwei-

[202] Stuttgart: Schloß Solitude (um 1765)

ter Hornist Nisle dann 1763 Anstellung fand. Nach dem Weggang Rudolphs wechselte er 1767 an das erste Horn. Um diese Zeit begann auch seine Gastiertätigkeit:

Denen Herren Liebhabern und Kennern der Music wird bekannt gemacht, daß sich der an allen Höfen und Orten seiner außerordentlichen Geschicklichkeit wegen so sehr berühmt gewordene Herr Lolly[151]

auf seiner Violin, und die beiden berühmten Herrn Steinhard auf der Flöte und Herr Nusle [sic] auf dem Waldhorn, sich auf vieles Bitten ihrer Freunde entschlossen, nächst kommenden Sonntag in dem Scharfischen Saal in der Döngesgasse ein großes Concert aufzuführen; das Billet kostet einen halben Frantzösischen 6 Liver-Thaler. Von der Geschicklichkeit dieser drey sehr berühmten Herrn Virtuosen wird nichts gemeldet, weil ihr Ruhm in der musicalischen Welt schon mehr als bekannt ist.
[203] Franckfurter Frag- und Anzeigungs-Nachrichten vom 14. September 1769

Im Oktober 1773 wurde Nisle als zweiter Hornist nach Wallerstein engagiert. Nach der vorübergehenden Einstellung der Hofmusik im Frühjahr 1776 begab er sich auf Konzertreisen und trat zusammen mit seinem Sohn Johann Wilhelm Friedrich (1768-1839) u.a. in Augsburg und vor Kronprinz Friedrich Wilhelm von Preußen[152] in Potsdam auf.

[204] Augsburg von Osten (1746)

In dem berühmten Fuggerischen Palaste ist nunmehr ein eigner Saal zu öffentlichen Konzerten eingeweiht worden[153] [...]. Kürzlich hat der berühmte Waldhornist Niesle den Liebhabern der Tonkunst ein seltnes Schauspiel gegeben, in dem er sich mit seinem achteinhalbjährigen Knaben zur Bewunde-

rung aller Kenner auf dem Waldhorn hören ließ. Dieser Tonkünstler hatte kürzlich auch die Gnade, sich mit seinem Sohne vor dem Kronprinzen von Preußen, einem bekanntlich großen Beschützer der Tonkunst, in Potsdam hören zu lassen, weswegen auch seinem jungen Sohne nachstehendes vom Kronprinzen eigenhändig unterschriebenes Attestat ausgefertiget wurde: Dem Zeiger dieses, Friedrich Wilhelm Nießle, habe ich hierdurch attestiren wollen, daß er sich vor mir hat auf dem Waldhorn hören lassen, und meine völlige Approbation gefunden, und ersuche jedermänniglich, ihm geneigten Willen widerfahren zu lassen. Potsdam, den 25. August 1776. Friedrich Wilhelm
[205] Deutsche Chronik 1776, S. 733

[206] Kronprinz Friedrich Wilhelm

Im Herbst 1777 bat Nisle um seine Entlassung aus dem Hofdienst. 1778 war er wieder auf Reisen, diesmal zusammen mit seinem Sohn Christian David (1772 - nach 1839). Nach einem Zwischenspiel als Hofmusiker des Fürsten zu Wied folgten ab 1782/83 erneut Gastauftritte mit seinen Söhnen, deren Fähigkeiten er geschickt zu »vermarkten« wußte.

Die gütigste Aufnahme, deren das geehrte Publicum die bisherigen montägliche Concerte, so in dem Scharfischen Saale aufgeführet worden, gewürdiget, ist der Direction derselben zu einem besonderen Reitze geworden, den zwey annoch zu haltenden extra Concerten die möglichste Vollkommenheit zu geben. Zu dem Ende wird durch der Herren Entrepreneurs Veranlassung der berühmte Virtuose auf dem Waldhorn,

[207] Waldhorn, Augsburg (um 1800)

Herr Niesle, der schon verschiednenmalen mit erwünschtem Beyfall vergnügende Stücke der Ton-Kunst aufgeführt hat, nebst seinem 8-jährigen Sohne Montags den 30. d. M. die Zuhörer durch die gantze Stärcke seiner Geschicklichkeit zu ergötzen bemühet seyn.
[208] Franckfurter Frag- und Anzeigungs-Nachrichten vom 27. März 1778

Dies Mal nahm er auch seine [...] beiden Söhne mit, um ihnen ununterbrochen Unterricht ertheilen u. sie selbst auch schon dem Publikum als kleine Virtuosen vorführen zu können. [...] David soll sich bereits als Knabe von 5 Jahren auf dem Instrumente haben hören lassen und auch das meiste Talent zur Virtuosität gehabt haben. In Concerten stellte ihn der Vater auf einen Tisch, auf welchen er zugleich das Instrument stützen mußte, um es nur halten zu können. Bewundernswerth war immer, daß er auf dem Es-Horne aus allen Tönen mit der größten Genauigkeit und Reinheit des Tones blasen konnte.
[209] Encyclopädie der gesammten musikalischen Wissenschaften. Bd. 5. Stuttgart 1837, S. 176

Die letzten Lebensjahre verbrachte der *in seinen jüngeren Jahren [als einer] der größten Waldhornisten Deutschlands* [154] geschätzte Nisle, den Gerber *zu den ersten Adagiospielern seiner Zeit* [155] zählte, als Hofmusiker in Meiningen und Hildburghausen.

[210] Jean Nisle: Hornduo Nr. 2. Ms. (um 1800)

Er starb am 10. April 1788 in Sorau (Polen). Sein Sohn Christian David wurde zu einem bedeutenden Hornvirtuosen, der sogar mit Punto verglichen wurde. Johann Wilhelm Friedrich war später Cellist in der Stuttgarter Hofkapelle und trat auch als Komponist hervor. Sein Sohn Johann Martin Friedrich (1780 - nach 1861), Duopartner seines Bruders David, erwarb sich ebenfalls einen Namen als Hornist. Die Frage, ob die 12 Hornduos in der Sammlung Oettingen-Wallerstein von ihm oder seinem älteren Bruder Johann Wilhelm Friedrich stammen, wird in der Literatur kontrovers beantwortet.

Joseph Nagel wie auch sein lebenslanger Duopartner Franz Zwierzina waren böhmisch-mährischer Herkunft: Nagel wurde 1751 oder 1752 - das genaue Geburtsjahr ist nicht bekannt - in Rossitz (Südmähren), Zwierzina am 25. Februar 1751 in Chrast bei Pilsen (Westböhmen) geboren. Beide erhielten ihre Ausbildung bei Karl Haudek (1721 - nach 1800) und Anton Joseph Hampel (1710-1771) in Dresden.[156] Anschließend gingen sie nach Wien, wo sie in der Kapelle des Grafen von Palm Anstellung fanden. Beecke lernte sie dort kennen und engagierte sie 1780 für Fürst Kraft Ernsts Hoforchester, als die beiden Hornpositionen neu zu besetzen waren. Nagel (am ersten Pult) und Zwierzina gehörten von Anfang an zu den bestbesoldeten Musikern der Kapelle und wurden in Wallerstein seßhaft. Dem brillanten Duo wurden etliche Werke auf den Leib geschrieben, und dies nicht nur von den Hofkomponisten. Franz Anton Hoffmeister (1754-1812) etwa schuf für sie ein Doppelkonzert, dessen Manuskript in der Sammlung Oettingen-Wallerstein erhalten ist. Es trägt den handschriftlichen Vermerk *Composés le 17ème Decembr. 1792 A Vienne pour Mes-*

[211] Rosetti: Doppelhornkonzert F-Dur. Autograph (1787)

[212] F. A. Hoffmeister

[213] Hoffmeister: Doppelhornkonzert E-Dur. Ms. (ca. 1792)

sieurs Nagel et Zwirzina Musiciens de la Cour de son alte[sse] de Palm. Der Fürst gab seinen Hornisten offensichtlich Gelegenheit zum Gastieren, so daß sie auch an ihre frühere Wiener Wirkungsstätte zurückkehren konnten. Am Ende der Solostimmen des Konzerts heißt es dann, von anderer Hand hinzugefügt: *Johanes Nages [sic][157] und A. Zwierzina in Wallerstein 1805 Blasen*

[214] F. Witt: Hornkonzert E-Dur. Autograph (1795)

es. Auch die schwierigen Hornparts der Sinfonien und Harmoniemusiken der »Wallersteiner Schule« orientierten sich während der 1780er und 1790er Jahre an den besonderen Fähigkeiten der beiden Musiker, die bis an ihr Lebensende in Wallerstein blieben. Nagel starb am 16. Juni 1802, Zwierzina überlebte ihn um mehr als 20 Jahre: er starb am 8. April 1825.

Zwierzina [...] war in seiner Jugend am Hofe zu Wallerstein ein vortrefflicher Waldhornist, der sich auch in Konzerten großen Beifall auf diesem Blasinstrumente erwarb. Er befindet sich noch bei diesem Orchester, und bläst, ungeachtet seines 60jährigen Alters, noch kräftig schön und gut.
[215] Felix Joseph Lipowski: Baierisches Musik-Lexikon. München 1811, S. 402

Auch Joseph Nagels Sohn Johann (* 1787)[158] sowie Zwierzinas Söhne Franz Xaver (1786-1838) und Joseph Anton Alois (* 1788) - alle drei tüchtige Hornisten - gehörten in den ersten Jahrzehnten des 19. Jahrhunderts der Wallersteiner Hofkapelle an (Anhang 2).

[216] Wallerstein von Westen (vor 1804)

II.8. DAS REPERTOIRE

Die ehemals Fürstlich Oettingen-Wallersteinsche Bibliothek - seit 1980 Eigentum des Freistaats Bayern[159] - umfaßt außer 120.000 Druckschriften (16.-19. Jahrhundert), 1.500 Handschriften des Mittelalters und der Frühen Neuzeit sowie 1.000 Inkunabeln, auch 1.787 Musikhandschriften und 604 Musikdrucke. Anhand dieses Musikalienbestandes, der großenteils für die Musikpflege am Hofe Fürst Kraft Ernsts zusammengetragen wurde,[160] kann man sich ein Bild vom Repertoire der Hofkapelle machen, wiewohl davon auszugehen ist, daß der Augsburger Bestand dieses Repertoire auch nicht annähernd vollständig dokumentiert. Die Gründe hierfür sind unterschiedlicher Natur. Die Musikrezeption im späten 18. Jahrhundert war in hohem Maße vom Zeitgeschmack bestimmt. Fürst Kraft Ernst war stets bestrebt, über die Produktion seiner Hofmusiker hinaus die jeweils neuesten Schöpfungen der internationalen »Musikszene« für seine Kapelle zu erwerben. »Veraltete« Kompositionen dürften nicht selten weggegeben oder weggeworfen worden sein. Eine (systematische) Archivierung der Musikalien gab es nicht. Die für die Hofmusik entstandenen Werke gelangten offensichtlich nicht automatisch in fürstlichen Besitz, sondern verblieben häufig beim Komponisten oder Musiker, der sie beim Verlassen des Hofes dann mitnahm. Zwischen dem Ende der Blütezeit der Kapelle (1796/1802) und dem ersten

[217] J. B. Vanhal

[218] J. B. Vanhal: Sinfonie F-Dur. Ms. (ca. 1780)

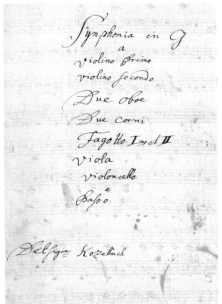

[219] L. Koželuch: Sinfonie G-Dur. Ms. (ca. 1790)

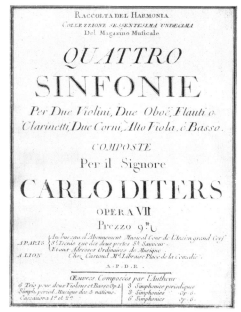

[220] C. Ditters von Dittersdorf: Sinfonien Opus 7

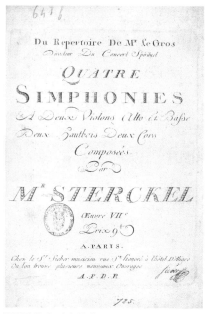

[221] F. X. Sterkel: Sinfonien Opus 7

Musikalieninventar (1808) liegen Jahre, unruhige Jahre, auf die in Kapitel IV noch einzugehen sein wird. Was in jener Zeit verlorenging, läßt sich allenfalls erahnen. Ein Vergleich des Inventars von 1808 mit dem heutigen Bestand ergibt, daß danach keine größeren Verluste mehr eingetreten sind.

Den Schwerpunkt des Repertoires bildeten zweifelsohne die Kompositionen der Hofmusiker selbst[161], die in besonderem Maße auf die örtlichen Bedürfnisse und die speziellen Möglichkeiten des Orchesters und seiner Musiker zugeschnitten waren. Die Hofkomponisten standen unter dem Einfluß der Früh- und Hochklassik und in besonderem Maße Joseph Haydns, dessen Kunst - wie schon mehrfach angeklungen - in Wallerstein allerhöchste Wertschätzung genoß. Die Bibliothek Oettingen-Wallerstein birgt denn auch eine der größten Sammlungen zeitgenössischer Abschriften seines sinfonischen Oeuvres überhaupt. Die meisten der zwischen 1757 und 1792 entstandenen Sinfonien Haydns liegen in Abschriften Wallersteiner oder Wiener Kopisten vor, einige wenige stammen von Haydns Hauptkopisten Radnitzky und Elssler; letztere enthalten teilweise auch autographe Korrekturen und Ergänzungen des Komponisten.

[222] L. Koželuch

Der erhaltene Notenbestand dokumentiert den auf der Höhe der Zeit stehenden Musikgeschmack am Wallersteiner Hof. Die bevorzugten Komponisten »von außerhalb« standen stilistisch vor allem der Wiener und der Mannheimer Schule nahe: Carl Ditters von Dittersdorf (1739-1799), Florian Leopold Gassmann (1729-1774), Adalbert Gyrowetz (1763-1850), Joseph (1732-1809) und

[223] Carl Ditters von Dittersdorf

[224] W. A. Mozart: Sinfonie D-Dur KV 385 · [225] F. A. Hoffmeister: Serenade Es-Dur

[226] Antonio Salieri

Michael (1737-1806) Haydn, Franz Anton Hoffmeister (1754-1812), Leopold Anton Koželuch (1747-1818), Wolfgang Amadé Mozart (1756-1791), Carl Stamitz (1745-1801), Johann Baptist Vanhal (1739-1813), Georg Joseph Vogler (1749-1814); außerdem Johann Christian Bach (1735-1782), Luigi Boccherini (1743-1805), Friedrich Hartmann Graf (1727-1795), Georg Anton Kreußer (1746-1810), Ignaz Pleyel (1757-1831), Franz Xaver Sterkel (1750-1817) u.a. Die Augsburger Sammlung enthält auch eine beträchtliche Anzahl Opern (u.a. von Gluck, Gretry, Hasse, Mozart, Paisiello, Piccinni, Salieri und Sarti), die seinerzeit Furore machten, in Wallerstein aber wohl kaum zur Aufführung gekommen sein dürften (vgl. Kapitel II.2).

Fürst Kraft Ernst hatte keine Probleme, an die seinem musikalischen Geschmack entsprechenden »Novitäten« heranzukommen. Hierfür sorgten zum einen seine Agenten, wie etwa Johann und Ferdinand von Müller in Wien:

[227] Joseph Haydn

Ueberhaupt bitte ich Sie, mein lieber Herr Hof Agent, mit Ihrer gewöhnlichen Pünctlichkeit mir alles was von Haide[n] neu im Stich und schriftl. herauskommt zu schicken, besonders auch diejenigen Parthien, die H. van Kees[162] besitzt. Sodann wünsche ich mir ein Verzeichniß nebst einer Preiß Note erstens von allen Haidnschen Opern, Oratorien, Cantaten, Arien und Kirchen Musiken, und dann eine dergleichen von den Kirchen Musiken an Aemtern, Vespern, Requiem, Magnificat, Tantum ergo, Miserere, Litaneyen, Te Deum, von beeden Haiden,[163] Mozart, Kozeluck,[164] Bonno,[165] Albrechtsberger,[166] Reutter,[167] Graun,[168] Leopold Hofmann[169] und andere, wie auch von letztern einige Arien und Concerte.

[228] Fürst Kraft Ernst an Hofagent von Müller (Wallerstein, Ende 1790 / Anfang 1791)

Der reisefreudige Musikintendant von Beecke informierte Kraft Ernst nicht nur ausführlich über die musikalischen Neuigkeiten von Wien bis Paris, er bestellte auch vor Ort bei Kopisten oder bei den Komponisten selbst neue Werke für die Hofmusik. Mozarts Freimaurer-Kantate »Laut verkünde unsre Freude« KV 623 etwa trägt Beeckes handschriftlichen Vermerk *Cantate Vor die Frey-Maurer loge von Mozart, welche Serenissimus von Sr. Eccellenz Herrn Camerrichter zum abschreiben begehrt.* Die in der Oettingen-Wallersteinschen Bibliothek erhaltene Abschrift wurde 1798 vom Hofkopisten Franz Xaver Link (1759-1825) nach *Camerrichters* Original angefertigt.

[229] W. A. Mozart

[230] Mozart: Freimaurerkantate. Ms. (1798)

Darüber hinaus brachten sowohl bei Hofe gastierende Virtuosen als auch die Hofmusiker von ihren auswärtigen Auftritten neue Werke mit nach Wallerstein, Musikalien wurden in gewissem Umfang mit anderen Höfen (Ansbach, Donaueschingen, Regensburg etc.) getauscht und schließlich gab es noch die häufig genutzte Möglichkeit des direkten Kontakts zwischen Komponist und Auftraggeber. Der folgende Brief von Carl Stamitz (1745-1801) an den Fürsten ist ein sprechendes Beispiel für musikalisches »Direktmarketing« im 18. Jahrhundert:

[231] Ignaz Pleyel

Alteße Serenißime! Monseigneur! Je vous prie de vouloir bien m'execußer de la liberté que je prends de vous importuner, en même tems außi je vous demande mille pardonne de ma Si long Silence depuis l'année 1774 de ne plus m'informer des vos ordres mais je voulais toujours l'epargner jusqu'a présent pour pouvoir présenter außi quelques Musiques Vocales de ma composition, et je Suplie tres humblement de me daigner en les vouloir bien accepter. [...] jéspere Monseigneur! vous ne permeterez bien d'oßer vous Souvenir à la promeße donc que Votre Alteße Serenißime m'a daigner d'aßurer par Monsieur Le Capitain de Becké quant á L'année 1774 de Strasbourg où j'ai eû l'honneur d'envoyer et présenter une grande quantité de la Musique differents de ma Composition à Elle. Votre alteße Serenißime m'honnoroit de l'accepter et de m'envoyer dix Louis à Compte par Monsieur Le Capitaine de Becké Luisque depuis cet tems que je n'ai plus fait aucun mention, oßerai-je bien Suplier a présent de vouloir Songer á moi pour le

[232] Georg J. Vogler

[233] C. Stamitz: Oboenkonzert B-Dur. Ms. (ca. 1780)

[234] Vogler: Sinfonia zu »Castore e Polluce« (ca. 1790)

reste de me l'envoyer außitot quant il vous plaira pour que je l'aurai encore pendant mes Ses-
jours en ce pay ci Lorsqu'il me faut bientôt retourner à Berlin. J'ai l'honneur de me recomander
dans vos bonnes graces et auguste Protection. et Suis avec Respect le plus profond! Monseigneur
De Votre Alteße Serenißime! à graiz en Voigtland ce 23 juillet 1791 Le plus humble et
plus obeißant Serviteur Charles Stamitz Compositeur de la Chambre de Sa M. le Roy de Pruße
P.S. Si Votre Alteße Serenißime Souhaitera de m'en-voyer la gratification par le Chariot
des postes, je vous prie de faire ecrire la deßus de l'Envelope par Reichenbach en Voigtland,
où le plus Court de me l'envoyer par une letre de change payable à Leipzig.

[235] Carl Stamitz an Fürst Kraft Ernst (Greiz, 23. Juli 1791)

[236] A. Gyrowetz

[237] A. Gyrowetz: Streichquartette Opus 21 (1798)   [238] P. Wranitzky: Sinfonie C-Dur Opus 31 (1797)

Herausragende Künstlerpersönlichkeiten waren zu Gast in Wallerstein und in der Sommerresidenz Hohenaltheim: Mozart (1777), Beethoven (1787) und Haydn (1790) sind die drei folgenden Kapitel gewidmet, auf einige andere Musiker, die Fürst Kraft Ernst ihre Aufwartung machten, sei wenigstens hingewiesen.

Drei der vier Künstler, für die Mozart seine Sinfonia concertante KV 297b schuf, gastierten in Wallerstein:[170] der böhmische Hornvirtuose Giovanni Punto (1746-1803), der u.a. auch Antonio Rosetti mit Kompositionsaufträgen bedachte; der in Mannheim, München und Berlin engagierte Fagottist Georg Wenzel Ritter (1748-1808) sowie der Mannheimer Meisterflötist Johann Baptist Wendling (1723-1797), der Wallerstein zusammen mit seiner Frau, der Sopranistin Dorothea Wendling[171] (1736-1811), besuchte. Eine ihrer Schülerinnen, Elisabeth Carnoli (* 1772), wirkte 1786 in einem Hohenaltheimer »Liebhaber-Konzert« mit.

[239] J. B. Wendling

[240] D. Wendling

Johann Türrschmidts berühmter Sohn Karl Türrschmidt (Kapitel II.7) kehrte als Gastsolist ebenso in seine schwäbische Heimat zurück wie der gebürtige Augsburger Johann Gottfried Eckard (1735-1809), der als Klaviervirtuose in Paris Erfolge feierte. Ferner seien genannt die Mannheim-Münchener Geiger Johann Friedrich Eck[172] (1767-1838) und Karl Joseph von Hampeln[173] (1765-1834) sowie der Wiener Kontrabaßvirtuose Johann Matthias Sperger (1750-1812), der 1789 in die damals bereits von Rosetti geleitete Ludwigsluster Hofkapelle eintrat.

[241] Wallerstein: Neues Schloß

III.1. Mozart auf dem Weg nach Paris

Die Kontakte der Mozarts zum Wallersteiner Hof reichen bis in die 1750er Jahre zurück. 1766 trafen Vater und Sohn Mozart Ignaz von Beecke - zu der Zeit Adjutant des Erbgrafen Kraft Ernst - in Paris. Kraft Ernst selbst begegnete Wolfgang (* 27. Januar 1756 Salzburg, † 5. Dezember 1791 Wien) erstmals 1770 in Italien (Kapitel II.1).

[242] Leopold, Wolfgang und Nannerl (1763)

[243] Mozart (1770)

Es ist noch immer kalt, nicht wie in Salzb:, aber auch nicht warm wie es in Rom seyn soll. nämlich immer kalte winde und triebe wolken; so bald aber die Sonne sich sehen lässt, so ist es sehr warm. wir waren bey der Principeßa Barbarini,[174] wo wir den Prinzen Xavieri von Sachsen,[175] auch den Pretendenten oder so genannten könig v Engelland[176] und den Cardinal Pallavicini[177] abermahl, und unter anderen einen Cavallier angetroffen der uns von Paris gekannt. Heut fanden wir beym Ambaßadore di Malta einen Cavallier der uns von Wienn kennet, den schwedischen Gesandten der uns in London gesehen, und den Grafen von Wallerstein.
[244] Leopold Mozart an seine Frau (Rom, 28. April 1770)

Ein weiteres Treffen mit Beecke ist 1775 in München belegt, als im Gasthof »Zum schwarzen Adler« in der Kauffingergasse zwischen Mozart und dem mehr als 20 Jahre älteren Beecke ein »Wettspielen« auf einem Hammerflügel des Augsburger Klavierbauers und Beecke-Freundes Johann Andreas Stein stattfand, das Schubarts »Teutscher Chronik« zufolge zugunsten Beeckes ausgegangen sein soll (Kapitel II.3).

[246] J. Myslivecek

man sagte mir, daß sich Misliwetcek[178] sehr verwundert hat, wen man hier von Becké oder dergleichen Clavieristen sprach; er sagte allzeit, es soll sich keiner nichts einbilden; keiner spiellt wie Mozart. in italien, wo die grösten Meister sind, spricht man von nichts als Mozart. wen man diesen nennt, so ist alles still.
[245] W. A. Mozart an seinen Vater (München, 11. Oktober 1777)

Der Zeitplan der Parisreise, die Mozart ab September 1777 in Begleitung seiner Mutter unternahm, sah nach dem Willen des Vaters neben längeren Aufenthalten in München, Augsburg und Mannheim auch einen Abstecher nach Hohen-

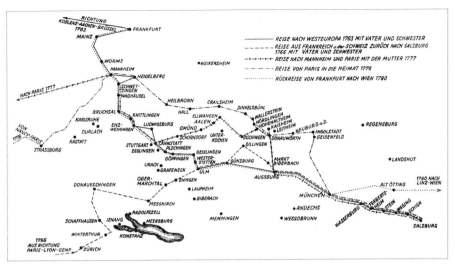

[247] Wolfgang Amadé Mozarts Reisewege durch Schwaben

altheim vor, Fürst Kraft Ernsts bevorzugtem Aufenthaltsort während der Sommermonate. Leopold empfahl seinem Sohn, sich vom Fürsten ein Empfehlungsschreiben für den Mannheimer Hof geben zu lassen.

Daß der Fürst Taxis in Dischingen[179] und nicht in Regensburg ist, das ist was altes: allein ihr müst euch in Augsp: bey der Post-Direction, wo meines Bruders Tochter[180] sehr wohl bekannt ist, erkundigen, wie lang der Fürst in Dischingen verbleibt, dann bis nach Regensburg wäre wieder ein starker abweeg. vermuthlich wird er bald nach aller Heiligen wieder nach Regensp: gehen. Ihr müst euch wegen eueres Aufenthalt in Augsp: darnach richten. ohnweit dischingen ist gleich bey Donauwerth das berühmte Reichskloster Kaysersheim, wo der H: Reichs Prælat,[181] wie ich höre ein grosser Liebhaber von Virtuosen ist, und wo man euch alle Ehren erweisen wird. [...] Ich weis nicht ob du besser vorher nach Wallerstein oder nach Kaysersheim gehen kannst: das versteht sich, nach dem du beym Fürst Taxis[182] gewesen. Kaysersheim liegt rechter hand, und Wallerstein Linkerhand, folglich glaube vorher nach Kaysersheim, dann soll dich der H: Prelat mit seinen Pferden nach Wallerstein führen lassen. der Fürst von Ötting Wallerstein wird vielleicht auf seinem Schloß Hochenaltheim seyn, welches gleich bey wallerstein liegt. das kannst du alles in Augsp, und dann in Dischingen erfahren. Du wirst dich erinnern, daß dich der Fürst ein junger schöner Herr in Neapel eingeladen, daß du ihn besuchen möchtest.
[248] Leopold Mozart an seinen Sohn (Salzburg, 12.10.1777)

[249] Leopold Mozart (um 1765)

*Ihr habt euch zu lang in München auf-
gehalten und in Augsp: must du doch
ein oder 2 Concert geben um doch etwas
einzunehmen, es mag wenig oder viel
seyn; die schönen Worte, Lobsprüche
und Bravissimo zahlen weder Postmei-
ster noch Wirthe, sobald man nichts
mehr gewinnen kann, muß man also
gleich weitertrachten. den 4[t] Novemb:
am Fest S[ti] Caroli ist gemeiniglich eine
opera in Mannheim. [...] Manchmal
geht der Fürst Taxis, und der Fürst
von Ötting Wallerstein auch nach Mannheim die opera zu sehen. zum Glück
sind diese beyden Fürsten nicht weit von
Augsp: - ihr müst euch also über die
höchste Noth in Augsp: nicht aufhalten;
ausgenommen ihr seht euern klaren
Nutzen. [...] Es würde auch nicht daran zu gedenken seyn itzt vorher von
Wallerstein nach Würzburg zu gehen,
wenn du den 4 Novemb: in Mannheim
seyn wolltest, sondern ihr müstet von*

*Wallerstein schnurgerade nach Manheim eylen, welches ein zimmlicher Weeg ist; es wird so
etwa 20 Meil weegs seyn, das wären also 2 tagreisen. die Mamma wird es in der Post Carten[183]
finden. [...] Vergesse ja nicht den Fürst Taxis und Fürst Ötting Wallerstein um Empfehlungsschreiben nach Mannheim zu bitten. [...] Wäre das Oboe-Concert[184] herausgeschrieben,
so würde es dir in Wallerstein, wegen dem Perwein[185] etwas eintragen.*
[250] Leopold Mozart an seinen Sohn in Augsburg (Salzburg, 15. Oktober 1777)

In den Briefen, die der junge Mozart seinem Vater aus Augsburg schrieb, äußerte
er sich auch mehrfach über seinen »Konkurrenten« Ignaz von Beecke:

*Hr: Gassner[186] und eine von seinen Mad:[selle] schwägerinnen, Mama, ich, und unser bäsle[187]
giengen nach tisch zum H: stein.[188] um 4 uhr kamm der H: Capell Meister[189] und H: Schmitt-
bauer,[190] organist zu S: ulrich, ein glatter alter brafer Mann auch nach; und da spielte ich
just eine sonate Prima vista vom Becché, die ziemlich schwer war, miserable al solito; was sich
da der H: Capellmeister und organist verkreüzigte, ist nicht zu beschreiben.*
[251] W. A. Mozart an seinen Vater (Augsburg, 17. Oktober 1777)

[252] Johann A. Stein

*[Stein] war in den Becché völlig vernarrt. nun sieht und hört er, daß ich mehr spiele als
Becché; daß ich keine grimaßen mache, und doch so expreßive spiele, daß noch keiner, nach
seinem bekenntniss, seine Piano forte so gut zu tractiren gewust hat. daß ich immer accurat*

im tact bleybe. über das verwundern sie sich alle. Das Tempo rubato in einem Adagio, daß die lincke hand nichts darum weiß, können sie gar nicht begreifen. bey ihnen giebt die lincke hand nach. graf Wolfeck[191] *und mehrere, die ganz Paßionirt für Beché sind, sagten neülich öfentlich im Concert, daß ich den Becché im sack schreibe.*[192]

[253] W. A. Mozart an seinen Vater (Augsburg, 23./25. Oktober 1777)

[254] Hammerklavier von Johann A. Stein

[255] Schloß Hohenaltheim: Blick in den Hof

Am 26. Oktober gegen sieben Uhr abends trafen Mutter und Sohn von Augsburg kommend in Hohenaltheim ein und nahmen in der »Oberen Wirtschaft« Quartier. Mozart wurde im Schloß von Beecke sehr zuvorkommend empfangen und sogleich eingeladen, mit ihm und den Notabilitäten des Hofes zu Abend zu speisen. Man eröffnete ihm alsbald, daß der Fürst, der über den Tod seiner im März 1776 verstorbenen Gemahlin nicht hinwegkam, die Hofkapelle beurlaubt habe und somit keinerlei Möglichkeiten für ein gemeinsames Konzertieren bestünden. Die anderntags von Beecke vermittelte Audienz beim Fürsten verlief enttäuschend. Der trauernde Fürst interessierte sich für nichts weniger als Musik und nahm seinen Gast kaum zur Kenntnis.

[256] Maria Anna Mozart

Mein aller liebster Mann, göstern als den 30ten sind wür gott sey danck beyde gesund und glücklich, hier abends umb 6 uhr, angelanget, wür sind an vergangenen Sontag den 26ten von augspurg abgereiset über mittag zu Donau werth gebliben, nachmittag nach Nördlingen von dorthen noch bis 7ben uhr auf hochen Altheim, wo sich der Fürst von Wallerstein aufhelt gefahren, in einen Miserablen Würtshaus eingekehret, wür wehren den andern tag wider abgereiset, wan ich nicht einen starcken Cartar bekomen hette, also haben wür uns 2 nächte und einen tag aufgehalten, der herr berwein ist bey uns die meiste Zeit gewesen, der fürst von wallerstein ist sehr zu bedauren, in dem er sich in der grösten Melancholye befindet er kan Niemand

[257]

ansehen so fängt er an zu weinen, der Wolf-
gang hat mit ihme gesprochen, er ist so zer-
streuet, das er ihme über eine sach 4 bis 5
mahl gefragt, er hört keine Music an und
ist ihmer bey seinen Kind,[193] also sind wür
dienstag den 28ten an Simon und Judi tag
im der fruche umb halbe 7 uhr nach Nörd-
lingen, weill uns der haubtman becke die
March Ruthe gegeben.

[257] Maria Anna Mozart an ihren Mann Leopold
(Mannheim, 31. Oktober 1777)

[258] Familienbild der Mozarts (1778)

[259] Gartensaal von
Schloß Hohenaltheim

Mon trés cher Pére! Wir haben die letzten 2 briefe, den vom 29ten: october und den vom 6ten:
Nov.bre richtig erhalten. Nun mus ich auf alles genau antworten. ich habe den brief, in wel-
chen steht daß ich mich erkundigen soll, um die Eltern von Beche, erst in Mannheim bekom-
men, folglich zu spätt um dieses ins werck zu stelln; denn selbst wäre es mir gar nicht einge-
fallen dieses zu thun, weil mir in der that gar nichts daran liegt. Nun, will der Papa wissen,
wie ich von ihm [Beecke] bin empfangen worden? - recht gut, und sehr höflich. er fragte wo
ich hin gienge, ich sagte, glaublicherweise nach Paris. er rathete mir dann vielles, indem er
sagte, er seye auch erst dort gewesen. mit lection geben werden sie sich viell machen, denn das
Clavier wird in Paris sehr hochgeschäzt. er machte gleich anstalt daß man mich zur officier
taffl nahm. er machte daß ich mit dem fürsten sprechen konnte. es war ihm sehr leid daß er
just halswehe hatte, /: welches aber wirklich wahr war :/ und nicht selbst ausgehen könnte,

[260]

um mir unterhaltung zu verschaffen. es
war ihm auch leid daß er mir zu ehren
keine Musick machen lassen könnte,
weil die meisten diesen tag eben aus re-
creation zu fuß bis was weis ich, gereiset
sind. ich muste auf sein ersuchen sein
clavicord versuchen, welches sehr gut ist.
er sagte oft Bravo. ich Phantasirte und
spiellte die sonata ex B und D.[194] mit
einem wort, er war sehr höflich, und ich
höflich aber ganz serieux.

[260] Wolfgang Amadé Mozart an seinen Vater
(Mannheim, 13. November 1777)

Am Morgen des 28. Oktober verließen Mozart und seine Mutter
Hohenaltheim in Richtung Mannheim. Einige Monate später machte Leopold Mozart seinem Sohn,
der sich noch in Mannheim auf-

hielt, brieflich Vorhaltungen wegen
seines Betragens in Hohenaltheim.
Leopold stützte sich dabei auf den
Bericht der Wallersteiner Musiker
Janitsch und Reicha, die im Januar
im Hause Mozart ihre Aufwartung
gemacht hatten (Kapitel II.5).

[261] Mannheim: Paradeplatz mit »Pfälzer Hof«[195]

*In Augspurg hast du auch deine kleinen
Scenen gehabt, dich mit meines Bruders
Tochter* [196] *lustig unterhalten, die dir nun
auch ihr Portrait schicken muste. das übrige habe euch in den ersten Briefen nach Manheim
geschrieben. In Wallerstein machtest du ihnen tausend Spaß, nahmst die Violin, tanztest
herum und spieltest, so daß man dich als einen lustigen aufgeräumten närrischen Menschen
denen damals abwesenden anpries, welches dem H: Becke gelegenheit gab deine Verdienste
herunter zu setzen, die nun aber bey den 2 Herrn,* [197] *durch deine Composition, und die Spielart deiner Schwester* [198] *in ein anderes Licht gesetzt worden, da sie immer sagte: ich bin nur
eine Schülerin meines Bruders; so, daß sie die gröste Hochachtung für deine Kunst haben, und
sich sehr über des H: Becke schlechte Composition herausliesen.*
[262] Leopold Mozart an seinen Sohn in Mannheim (Salzburg, 12. Februar 1778)

Wolfgang Amadé verwahrte sich postwendend mit Vehemenz gegen die in seinen
Augen ungerechtfertigte Kritik seines Vaters:

*was sie so beissend wegen meiner lustigen unterhaltung mit ihres bruders tochter schreiben,
beleidiget mich sehr; weil es aber nicht demmalso ist, so habe ich nichts darauf zu antworten.
wegen wallerstein weis ich gar nicht was ich sagen soll; da bin ich beym Becke sehr zurück-*

[263] Mozarts »Bäsle«
Maria Anna Thekla

*haltend und serios gewesen; und auch an der officier
tafl mit einer rechten auctorité da gessen, und mit
keinen menschen ein wort geredet. überdas wollen
wir alles hinausgehen, daß haben sie nur so in der
ersten hitze geschrieben.*
[264] W. A. Mozart an den Vater (Mannheim, 19. Feb. 1778)

[265] W. A. Mozart: Sinfonie D-Dur
KV 297. Ms. (ca. 1790)

III.2. Beethoven bei Nanette von Schaden

[266] Beethoven

Seine erste Wienreise führte den Bonner Hofmusiker Ludwig van Beethoven
(* 16. Dezember 1770 Bonn, † 26. März 1827 Wien) im März 1787 wohl einer
Empfehlung Joseph Reichas (Kapitel II.5) folgend auch nach Wallerstein. Hier
lernte der sechzehnjährige das Ehepaar von Schaden kennen: Joseph Wilhelm
von Schaden (* 1752 Wallerstein, † 29. September 1813 München) war Fürstlich Oettingen-Wallersteinscher Hofrat, seine
Frau Nanette (* 2. Juni 1763 Ebelsberg/Ober-
österreich, † 17. Januar 1834 Regensburg), eine
glänzende Pianistin, war in Wien, wo sie ihre
Jugend verbracht hatte, Klavierschülerin Ignaz
von Beeckes gewesen.[199] Nach der Eheschließung 1779 in Wien lebte das junge Paar vorzugs-
weise in Wallerstein und Augsburg, wo Schaden
das Amt eines Ratskonsulenten bekleidete.

[267] Wien: Stock-im-Eisen-Platz (1779)

[268] Nanette
von Schaden

*[Frau von Schaden] ist eigentlich eine Schülerin von Beeke; spielt aber weit geflügelter als ihr
Meister, und mit mehreren Stylen. Ihre Hand ist glänzend, und gibt dem Clavier Flügel. Sie
liest mit unbeschreiblicher Fertigkeit; und doch blickt auch bey ihr das Weib hervor. Sie schnellt
den Tact, grimmassirt zuweilen, und verkünstelt das Adagio. Nicht eignes Herzblut quillt -
wenn sie Empfindungen ausdrückt, sondern immer ist's Manier des Meisters.*
[269] Christian Friedrich Daniel Schubart: Ideen zu einer Ästhetik der Tonkunst (1784/85). Wien 1806, S. 169

*Hier [in Augsburg] hab ich meinen Tag sehr musikalisch zugebracht bei Frau Nanette von
Schaden [...], die unter allen musikalischen Damen, die ich kenne, selbst die Pariserinnen nicht
ausgenommen, ja an Fertigkeit und Sicherheit vielleicht von keinem Virtuosen übertroffen
wird.; auch singt sie mit vielem Ausdruck und Vortrag und ist in jedem Betracht eine angenehme und interessante Frau.*
[270] Johann Friedrich Reichardt, in: Musikalisches Wochenblatt auf das Jahr 1791, S. 30

[271] Joseph
von Schaden

Im Anschluß an den Wallersteiner Aufenthalt reiste Beethoven in Begleitung
der Schadens über Augsburg nach München weiter. Das »Wochenblatt« meldet
am 4. April 1787, daß am 1. des Monats ein *Herr Peethofen, Musikus von Bonn bei
Kölln* und *Herr von Schaden, mit dessen Frau, von Wallerstein* in München angekom-
men und in Alberts Gasthof »Zum Schwarzen Adler« abgestiegen seien. Der
Musikwissenschaftler Erich Schenk spricht von *einer offenbar raschen und herzlichen
Verständigung zwischen der 24jährigen Pianistin, die damals auf dem Höhepunkt ihres
Ruhmes stand, sowie ihrem kunstsinnigen Gatten und dem 17jährigen Beethoven.*[200] Von
München aus ging es dann direkt nach Wien, wo Beethoven auf den Rat seines

Lehrers Christian Gottlob Neefe (1748-1798) hin bei Mozart Unterricht zu nehmen gedachte. Kaum angekommen erhielt er die Nachricht, daß seine Mutter schwer erkrankt sei, woraufhin er unverzüglich die Heimreise antrat. Diese führte ihn Ende April wieder nach Augsburg, wo er dem Ehepaar Schaden noch einen

[272]

Besuch abstattete und Herr von Schaden ihm offenbar aus einer finanziellen Notlage half.[201] Beethovens erster erhaltener Brief datiert vom 15. September 1787 und ist an Joseph von Schaden gerichtet.[202]

[273] Augsburg von Osten (1821)

hochedelgebohrner insonders werther freund! was sie von mir denken, kann ich leicht schließen; daß sie gegründete ursachen haben, nicht vorteilhaft von mir zu denken, kann ich ihnen nicht widersprechen; doch will ich mich nicht eher entschuldigen, bis ich die ursachen angezeigt habe, wodurch ich hoffen darf, daß meine entschuldigungen angenommen werden. ich muß ihnen bekennen: daß, seitdem ich von augspurg hinweg bin, meine freude und mit ihr meine gesundheit begann aufzu hören; je näher ich meiner vaterstadt kam, je mehr briefe erhielte ich von meinem vater, geschwinder zu reisen als gewöhnlich, da meine mutter nicht in günstigen gesundheitsumständen wär [...] ich traf meine mutter noch an, aber in den elendesten gesundheitsumständen; sie hatte die schwindsucht und starb endlich ungefähr vor sieben wochen, nach vielen überstandenen schmerzen und leiden. [...] ich hoffe vergebung, für mein langes stillschweigen, von ihnen zu erhalten. die außerordentliche güte und freundschaft, die sie hatten mir in augspurg drey k[a]r[o]lin zu leihen, muß ich sie bitten noch einige nachsicht mit mir zu haben; meine reise hat mich viel gekostet, und ich habe hier keinen ersatz auch den geringsten zu hoffen; das schicksal hier in bonn ist mir nicht günstig.

[274] Beethoven an Joseph Wilhelm von Schaden (Bonn, 15. September 1787)

Ein paar Worte noch zu Nanette von Schaden: Sie konzertierte offensichtlich des öfteren mit der Wallersteiner Hofkapelle: Das »Liebhaber Concert« vom 2. März 1786 enthielt als dritten Programmpunkt *Ein Klavier Concert, gesetzt von*

[275] Franz X. Sterkel

Herrn Hauptmann Becké, gespielt von der Frau v. Schaden.[203] Johann Franz Xaver Sterkel, Pianist und kurmainzischer Hofmusiker, dessen Kompositionen auf den jungen Beethoven einen gewissen Einfluß ausübten, widmete ihr sein technisch heikles Klavierkonzert Opus 31 (1789). Nanette von Schaden war Rosettis Kompositionsschülerin. Das Klavierkonzert in G-Dur ist offenkundig eine Gemein-

[276] Klavierkonzert G-Dur. Speyer: Bossler 1783

schaftsproduktion der beiden. Der Orchesterpart stammt zweifelsfrei von Rosetti. Über Schadens Anteil an der Gestaltung des Klavierparts kann nur speku-
liert werden. Gerber zufolge soll sie ihn völlig eigenständig entworfen haben.

[277] Hammerflügel
von Johann A. Stein

*Von Schaden (Nanette) geborne von Pranck aus Salzburg, eine Dilettantin, welche nach
wiederholten Versicherungen von mehreren Zeugen: für die größte Klavierspielerin erklärt
wird [...]. Mit diesen ausgezeichneten Talenten verbindet sie einen ausdrucksvollen Gesang,
auch ist sie Komponistin verschiedener artiger Handstücke in Mst., und folgender größerer
gestochener Werke, wozu aber Kapellm. Rosetti die begleitenden Stimmen geschrieben hat:
1) Concert p. le Fp. av. acc. de 2 V. 2 Hautb. Cors A. et B. composé p. Mad. de Schaden
et Mr. Rosetti. à Spire 1791. 2) Ein dergleichen 2tes Konzert ist bey Schmitt in Amsterdam gestochen.*

[278] Ernst L. Gerber: Neues historisch-biographisches Lexikon der Tonkünstler. Teil 4. Leipzig 1814, Sp. 37

[279] Wallerstein von Westen (um 1830)

Anfang Dezember 1781 offerierte Joseph Haydn (* 31. März 1732 Rohrau/Niederösterreich, † 31. Mai 1809 Wien) Fürst Kraft Ernst einige neue Streichquartette, die er wenig später als sein Opus 33 im Druck herausgab.[204]

[280] Wien: Oberes Belvedere (1759/60)

[281] Haydn (1770)

Hochfürstliche Durchlaucht! Gnädigster Fürst und Herr Herr! Als hohen Gönner und Kenner der Ton Kunst, nehme die Freiheit, meine gantz neue à quadro für 2 Violin, Alto, Violoncello concertante, Euer hochfürstlichen Durchlaucht auf praenumeration à 6. Ducaten correct geschriebener unterthänigst anzuerbieten: sie sind auf eine gantz neue besondere art, denn zeit 10 Jahren habe Keine geschrieben. Auswärtigen hohen Herrn praenumeranten werden selbe ehender zugeschickt, als sie dahier abgebe. Zu hohen Gnaden mich empfehlendt, unter anhoffend gnädigster Bewilligung harre in tiefstem respect stätshin Euer hochfürstlichen Durchlaucht unterthänigst gehorsamster Josephus Haydn mppria Fürst Estorhazischer Capell Meister

[282] Haydn an Fürst Kraft Ernst (Wien, 3. Dezember 1781)

Am ersten Weihnachtstag erging an Haydn eine Bestellung auf die neuen Quartette. Mitte Februar wies Fürst Kraft Ernst seinen Hofkammerrat St. George an, dieselben zu reklamieren. Ob sie je ihren Weg nach Wallerstein gefunden haben, ist ungewiß; in der Oettingen-Wallersteinschen Bibliothek befinden sie sich jedenfalls nicht.

[283] Haydn (1781)

[284] Joseph Haydn (1785)

Da auf mein Schreiben, welches ich bereits am 24. Dec. mp. an Sie abgelassen habe mir bis jetzo weder eine Antwort noch etwas von den erwarteten Musikalien zugekommen ist, und ich den Auftrag von meinem gnädigsten Fürsten erhalten habe, Sie nochmal darum zu ersuchen: als vollziehe ich selbigen hiemit und bitte zugleich ergebenst, was von Ihren neuen à quadro bis anjetzt fertig geworden ist, unter der Adresse gedachter Sr hochfürstlichen Durchlaucht anhero

zu schicken, mir aber Nachricht davon zu geben, damit ich der Bezahlung wegen die unge-
säumte Veranstaltung treffen könne. In solcher Erwartung habe ich die Ehre, mit der voll-
kommensten Hochachtung zu seyn [...].
[285] Hofkammerrat St. George an Haydn (Wallerstein, 18. Februar 1782)

[286] Haydn: Sinfonie D-Dur Hob. I:73

Im Januar 1788 beauftragte der Fürst seinen Wiener Agenten Johann von Müller,
bei Haydn, den er als den *grösten Synfoni-*
sten überhaupt ansah, drei neue Sinfonien
zu bestellen, deren ausschließlicher Besitzer er zu sein wünschte.

Hochedelgebohrener, Werther Herr Hofagent!
Es wird mir sehr angenehm seyn, wenn mir mein
Herr Hofagent das neueste Oratorium von Sa-
lieri und einige andere Oratoria von Joseph
Hayden, aber von diesen die besten, so bald
möglich verschaffen könnte, und da bekanntlich
Jos. Hayden der gröste Synfonist ist und ich für
seine Musick ganz eingenommen bin, so wünschte
ich 3 neue Synfonien von ihm zu erhalten, die
aber außer mir Niemand besitzen solle. Mein Herr Hofagent wird dem Jos. Hayden dieses
mein Verlangen eröfnen und mir seine Aeußerung, um welchen Preiß und in welcher Zeit ich
diese Synfonien erhalten würde, melden, über die Kosten der Oratorien aber eine Note beyschliesen.
[287] Fürst Kraft Ernst an Johann von Müller (Wallerstein, 16. Januar 1788)

Haydn nahm den Auftrag an, konnte die bestellten Sinfonien wegen anderwei-
tiger Verpflichtungen aber erst im Oktober des folgenden Jahres liefern. Nach
Wallerstein sandte er Abschriften, die Autographen ließ er über Graf Claude-
François-Marie d'Ogny dem Pariser »Concert de la Loge Olympique«[205] zu-
kommen, was er dem Fürsten gegenüber natürlich verschwieg.

[288] Graf d'Ogny

Hoch und Wohl gebohrner Sonders Hochzu-
VerEhrender Herr v. Müller! Die Hoch-
schätzung, So Seine Durchlaucht Fürst v.
Öttingen für meine geringe Compositionen
tragen, ist mir unendlich schäzbahr, nur be-
daure ich, daß ich gegenwärtig die hohe Gnade
nicht geniessen kan, die 3 anverlangte Sin-
fonien zu machen, indem ich dermahlen für
Se Majestät dem König v. Neapel[206] 6 Not-
turni, und für meinen gnädigsten Fürsten
eine neue Opera zu schreiben habe;[207] nach

[289] Haydn: »Il Ritorno di Tobia«. Ms. (ca. 1784)

Vollendung aber dieser Wercke werde ich mich Eusserst befleissen, die 3 Sinfonien zu verfertigen, für welche ich keinen Preiß zu bestimen mich erdreiste, sondern bloß der Willkühr des durchlauchtigsten Fürsten unterwerfe: für das Oratorium, so ich erst kürzlich mit zwey neuen Chör verschönerte,[208] unterfange ich mich 16 Ducaten anzuverlangen, wovon ich fünf den Copisten bezahlen muß.

[290] Haydn an Johann von Müller (Esterháza, 3. Februar 1788)

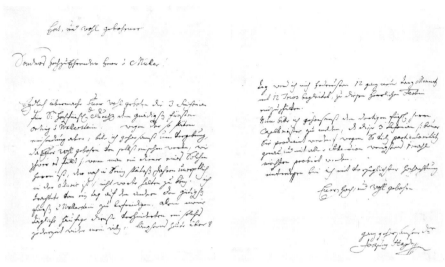

[291]

Hoch- und Wohl gebohrner Sonders HochzuEhrender Herr v. Müller! Endlich übermache Euer Wohl gebohrn die 3 Sinfonien für Se Hochfürstl. Durchl. dem gnädigsten Fürsten Oeting v. Wallerstein. Wegen der so späten Einsendung aber bitte ich gehorsamst um Vergebung, da Euer Wohl gebohrn von selbst einsehen werden, wie schwer es fällt /: wenn man ein Diener eines solchen Herrn ist, der noch in Seinen spätesten Jahren unersetlich in der Music ist :/ nicht Worte halten zu können. Ich trachtete von ein tag auf den andern den gütigsten Fürsten v. Wallerstein zu befriedigen, allein meine tägliche häufige Dienste verhinderten ein solches jederzeit wider meinen Willen: Längstens heute über 8 Tag werd ich mich erdreusten, 12 ganz neue Tanz Menuetts mit 12 Trios begleitet, zu diesen herrlichen Festin einzuschikken.[209] Nun bitte ich gehorsambst dem dortigen fürstl. Herrn Capellmeister zu melden, daß diese 3 Sinfonien /: beuor Sie producirt werden :/ wegen so vielen Particularitäten genau und mit aller Attention wenigstens 1 mahl möchten probirt werden. Unterdessen bin ich mit vorzüglicher hochachtung Euer Hoch- u. Wohl gebohrn ganz gehorsamster diener Josephus Haydn.

[291] Haydn an Johann von Müller (ca. 17. Oktober 1789)

[292] Fürst Nikolaus Esterházy (1770)

In einem (wohl) nicht erhaltenen Schreiben an Hofagent von Müller scheint Kraft Ernst beanstandet zu haben, nicht Originalmanuskripte, sondern nur Stimmkopien erhalten zu haben. Haydns Antwort ist geschickt formuliert; der Fürst akzeptierte sie vorbehaltlos.

[293] Schloß Esterháza (Fertöd/Ungarn): Gartenfront

Ich hätte vermög meiner Schuldigkeit stat der Copiatur die Spartitur deren Sinfonien einschicken sollen. Allein, da ich fast den ganzen Somer hindurch solche hefftige Augen schmerzen hatte, daß ich leyder ganz ausser stand ware eine Reine Spart zu machen, so ware demnach gezwungen diese drei unleserliche Sinfonien /: wouon beyliegende, als die beste von denen dreyen, zum Muster dient :/ durch einen meiner Compositions schüller in meinem ziemer und nachhero durch verschiedene Copisten /: damit mir dieselbe nicht entfremd werden :/ abschreiben zu lassen. [...] Solte demnach an den überschickten Sinfonien ein oder andere Notte versezt seyn, so lasse ich den dortigen H. Concert Meister höflichst ersuchen, mir dieselbe alsogleich schrifftlich anzuzaigen, wofür ich die genaueste Verbesserung einschücken werde. Ich lasse demnach den Durchlauchtigsten Fürsten dissfals unterthänigst um Vergebung bitten: solten aber Höchst dieselbe immediate eine Spart verlangen, so werd ich diese /: zwar mit sehr vieler mühe, indem ich von denen Augen schmerzen noch nicht ganz befreyet bin :/ Sr Durchl. gehorsamst übermachen. Der Beyfall von dem allergnädigsten Fürsten über diese 3 Sinfonien ist für mich die grösste aufmunterung, und wird es seyn bis an die letzten Täge meines lebens, ich wünschte mir das Portrait von Höchst demselben nur in schatten Riss zu haben, ich bin ein besonderer Liebhaber der grossen Geister.
[294] Haydn an Johann von Müller (Esterháza, 29. November 1789)

[295] Haydn: Sinfonie Es-Dur Hob. I:91. Ms. (ca. 1789) [296] Sinfonie G-Dur Hob. I:92. Ms. »Violino primo«

Die Abschriften der drei Sinfonien, es handelt sich um die Werke Hob. I:90-I:92, befinden sich noch heute in der Bibliothek Oettingen-Wallerstein. Das von Wiener Kopisten angefertigte Stimmenmaterial enthält auch autographe Ergänzungen des Komponisten. Fürst Kraft Ernst bedankte sich bei Haydn mit einer goldenen Tabaksdose, 50 Dukaten und einer Einladung nach Wallerstein und ließ gleichzeitig anfragen, ob Haydn gewillt sei, weitere Sinfonien für ihn zu schreiben.

[297] Joseph Haydn (1791)

Durchläuchtigster Reichs Fürst, Gnädiger Herr! Da Euer Durchläucht die dringende Geschäfte, mit welchen Höchstdieselbe Sich wehrend Hochdero allhiesiger Anweßenheit abgegeben, verhindert und vergessen gemacht haben, mich zu Ihnen ruffen zu lassen, wie Sie Sich es vorgenommen haben, so muß ich Euer Durchläucht mit gegenwärtigen belästigen, und mich anfragen, was für eine Douceur Euer Durchläucht mit H. Haiden zu machen gedencken. Er hat 3 neue Parthyen schon vorlängst gemacht und solche in Stich herausgeben lassen, und diese werden jene seyn, welche H. v. Kees[210] haben wird, weil ich allerdings beglaubt bin, daß er die für Hochdero Person componirte Stücke verlangtermaßen niemand andern mittheilen wird.

[298] Johann von Müller an Fürst Kraft Ernst (Wien, 9. Dezember 1789)

Auf der Adreß-Seite dieses Briefs konzipierte Kraft Ernst die an Müller zu richtende Antwort: *Er werde nun von Philipp[211] das present für Haiden erhalten haben: er mir schreiben, ob Haiden mit'm Present zufrieden: er an Haiden schreiben, ob er sich entschließen kann, 3 Simphonien wieder zu machen und sie mit den Sparten hiehero zu bringen: mir seine Antwort schreiben: dem Müller für seine exactitude danken: ob er mir die gestochenen Sachen für Keeß und alles, was neu v. Haiden gestochen und schriftl. erscheint liefern ohne Anfrage [...].* Müllers ältester Sohn Ferdinand (um 1758 - 1824) meldete umgehend Vollzug.

[299] Philipp Karl zu Oettingen-Wallerstein

Monsieur le Comte Frere de Votre Alteße[212] Conseiller aulique de l'Empire, m'aiant chargé du present à donner à Monsieur de Haiden, et aiant appris, que celuici se trouvait à Esterhaz, je Lui ai écrit, pourqu'il m'assigne une personne, à qui je pouvois confier la Tabatiere d'or avec les 50 Ducats, affin qu'ils lui parvienent seusement. Je l'ai en meme tems recherché au Nom de Votre Alteße de composer encore trois autres Symphonies, dont Vous souhaiteriez recevoir meme la Sparte, et Lui ai proposé de faire un tour à Wallerstein aux fraix de Votre Alteße, qui souhaiteroit faire Sa connaißance personele. [...] Monseigneur de Votre Alteße le plus humble et le plus obeißant serviteur Ferdinand de Müller mppia le fils ainé.

[300] Ferdinand von Müller an Fürst Kraft Ernst (Wien, 9. Februar 1790)

[301] Schloß Esterháza

[302] Sinfonie C-Dur Hob. I:97. Ms. (ca. 1792)

[303] Haydn (ca. 1796)

Die Rückseite des Briefes enthält Kraft Ernsts eigenhändige Weisung: *An den Agent Müller Sohn des aelteren daß mich's recht freut, wenn Haiden hieher kommt, er möchte ihn nur ersuchen, den Zeitpunkt zu bestimmen und zu beschleunigen.*

Weil ich überzeugt, daß Euer Gnaden über alles, was mich immer betrifft, antheil nehmen /: ein welches ich zwar nicht verdiene :/ so berichte ich Euer gnaden, daß ich die vorige woche, von Fürst Oetting v. Wallerstein eine ganz niedliche, 34 Ducaten schwere, goldne Tabattier zum geschenk erhalten habe, nebst einer Einladung, daß ich gegenwärtiges Jahr auf Seine Unkösten zu Ihme komen möchte, indem hochderselbe ein so grosses Verlangen trage, mich Persöhnlich zu kennen (angenehme aufmunterung für meinen schwachen geist) ob ich mich aber zu dieser Reise werde Resolviren könen, ist eine andere Frage? nun bitte ich, mir diss eilfertige schreiben zu verzeihen, und bin mit allersinnlicher Hochachtung zeit lebens Euer gnaden aufrichtigst und gehorsamster diener Josephus Haydn

[304] Haydn an Marianne von Genzinger[213] (Esterháza, 14. März 1790)

[305] J. P. Salomon

Ende 1790 gelang es dem Londoner Konzertunternehmer Johann Peter Salomon, Haydn zu einer Reise nach England zu bewegen. Im Zusammenhang damit bot sich ihm nun auch die Gelegenheit, seinen geplanten Besuch in Wallerstein in die Tat umzusetzen. Haydn und Salomon verließen Wien am 15. Dezember 1790. Lassen wir den Musikwissenschaftler H. C. Robbins Landon zu Wort kommen: *Haydn and Salomon went first to Munich, where Haydn met the composer Christian Cannabich[214]. Next they went to Wallerstein Castle as guests of Prince Krafft Ernst von Oettingen-Wallerstein; there Haydn appears to have conducted (at least) Symphony No. 92, which he had sent the prince a few years earlier. On examining the MS. parts of the Wallersteiner source [...] we found Haydns characteristic addition of ›sfz‹ on a Violin part which was not, as far as can be determined, part of the original set Haydn sent.*[215] Dominicus Mettenleiter zufolge soll Haydn *seine volle Bewunderung über die Leistungen der fürstl. Kapelle dahin* ausgesprochen haben, *dass kein ihm bekanntes Orchester seine Sinfonien mit so viel Präcision ausführe, als eben diese Kapelle.*[216]

[306] Wallerstein: Neues Schloß, Hauptflügel

*Mein lieber Herr Hof Agent! Ich be-
daure recht sehr, daß ich Sie wegen vieler Geschäfte und beschleunigter Abreise
in Wien nicht mehr sprechen konnte.
Daß Ihr ältester Sohn Ferdinand von
meinem Bruder das Präsent für Haidn
empfangen, hat mir derselbe gemeldet.
Doch wäre ich begierig zu wissen, ob
Haidn damit zufrieden gewesen und ob
er sich entschloßen hat, mir wieder etliche neue Symphonien samt den Sparten
zu überschicken. Er ist neulich hier, jedoch nur auf der Flucht durchpaßiert,
will aber bei seiner Rückkehr von England sich länger aufhalten.*[217]
[307] Fürst Kraft Ernst an Johann von Müller
(Wallerstein, Ende 1790 / Anfang 1791)

[308] Haydn: Concertante B-Dur Hob. I:105 (ca. 1796)

Die große Zeit der Wallersteiner Hofkapelle ging zu Ende, als während der Koalitionskriege französische Truppen zeitweise beträchtliche Teile Süddeutschlands besetzt hielten und Fürst Kraft Ernst sich mehrfach gezwungen sah, Wallerstein zu verlassen.[218] Im August 1796 standen die Franzosen vor Bopfingen. Das fürstliche Archiv hatte man schon Anfang Juli in Kisten verpackt ins Ansbachische gebracht. Als die Franzosen nun näherrückten, zog sich auch Kraft Ernst

[309] Beecke: Messe D-Dur. Autograph 1800

mit seiner Familie ins sichere ansbachisch-preußische Röckingen (bei Wassertrüdingen) zurück, wo man den Sommer über blieb. Im Juni 1800 mußte Fürst Kraft Ernst dann noch einmal außer Landes gehen, diesmal für mehr als zehn Monate, während derer er sich mit seinem gesamten Hof in Unterschwaningen aufhielt, einem ehemaligen Schloßgut der Ansbacher Markgrafen. Die Markgrafschaft Ansbach gehörte seit 1791 zu Preußen, das seit dem Baseler Sonderfrieden von 1795 neutral war. Im Oktober komponierte Ignaz von Beecke eine »feierliche« Messe, mit der, wie er auf der ersten Seite vermerkte, der ersehnte Friede gefeiert werden sollte: *Missa fatta e finita il 22. d'ottobre 1800 a Schwaning da me Beecke nel tempo de l'Emigratione. per passar il tempo, e far Essequirla nel ocasione della pace, che desidera tutta La humanitá.*

[310] Schloß Unterschwaningen (1787)

Im September 1802, kurz vor dem Ende des »Alten Reiches«, erlebte Wallerstein noch einmal ein großes Fest: Prinzessin Friederike, Kraft Ernsts geliebte Tochter aus erster Ehe, heiratete Fürst Karl Eugen von Lamberg. Beecke komponierte für dieses Ereignis eine Serenade *von verschiedenen caracteristischen stücken.* Das Temperagemälde von Peter Bohr zeigt das Brautpaar in der Mitte, Kraft Ernst mit Gemahlin

[311] Hochzeitsbild der Prinzessin Friederike (Sept. 1802)

auf dem Sofa im Hintergrund, vor ihnen die vier Töchter, rechts am Bildrand die vier Söhne mit ihrem Hofmeister, Hofkaplan Andreas Reibelt aus dem Wallersteiner Piaristenkonvent und gegenüber Oberstallmeister von Falkenhausen mit Hauptmann Panisette. Nach zehntägigen Feierlichkeiten (einschließlich Ball,

[312] Beecke: Serenade D-Dur. Autograph (1802)

Konzert und Feuerwerk) reiste das neuvermählte Paar am 19. September ab. Am gleichen Tag erkrankte Kraft Ernst. Er starb am 6. Oktober 1802 an einem »Nervenfieber«.

Seine Witwe Wilhelmine Friederike übernahm die Regierung für den minderjährigen Erbprinzen Ludwig. 1806 wurde das

[313] Kraft Ernst auf dem Totenbett

Reichsfürstentum Oettingen-Wallerstein mediatisiert und mehrheitlich Bayern eingegliedert; ein kleinerer Teil fiel an Württemberg. Die prekäre Finanzlage des fürstlichen Hauses (Souveränitätsverlust, Kriegskosten etc.) machte drastische Einsparungen erforderlich, die auch die kostspielige Hofmusik empfindlich trafen. Am 13. Oktober 1807 erließ die Fürstin die Weisung, *daß der gesamten Hofmusik, mit Ausnahme des in der Livrée stehenden Personals der Auftrag erteilt wird, sich in Zeit eines Jahres um andere Dienste umzusehen, indem die Umstände Reduktion erheischen.*[219] Und am 18. September 1810 hieß es:

[314] Erbprinz Ludwig mit seinen Brüdern (1805)

Unseren Hofmusicis haben wir schon seit längerer Zeit aufgetragen, sich um andere Dienste umzusehen. Mehrere derselben haben dieses jedoch fruchtlos gethan. Wenn wir nun gleich nicht gemeint sind, das bei unserer Hofmusik angestellte Personal ganz brodlos zu machen, so kann man uns bei den so sehr veränderten Verhältnissen unseres Hauses doch auch nicht zumuthen, dasselbe fortan mit seinem vollen Gehalte beizubehalten. In Anbetracht dessen haben wir beschlossen, Unsere Hofmusik vom 1. des künftigen Monats angefangen, auf ¾ ihrer Besoldung herabzusetzen.

[315] Erlaß der Fürstin Wilhelmine Friederike (Wallerstein, 18. September 1810)

Erbprinz Ludwig (* 31. Januar 1791 Wallerstein, † 22. Juni 1870 Luzern) übernahm die Regierung am 1. Februar 1812. Das Orchester, das er vorfand, bestand aus einem guten Dutzend meist älterer Musiker:

[316] Fürstin Wilhelmine

Dermal bestehet das Fürstl. Orchester zu Wallerstein aus folgenden Tonkünstlern: 1) Fr. Xav. Hammer, geb. zu Wallerstein 1761, ein Schüler des Fränzl, und fürstlicher Musikdirektor, spielt die Violine mit Kraft und Präcision im Tutti, dann rein und gefühlvoll in Konzerten. Er schrieb auch mehrere Violin-Konzerte mit allem Beifalle. 2) Friedrich Karl Weichselbaum, ein guter Violin-Spieler. 3) Fr. Xav. Link, und dessen Bruder Markus Link, eben so. 4) Ant. Latenati,[220] aus Cremona geb., ehedem Violin-Spieler, jetzt bei der Altviole. 5) Joh.

Hibetsch,[221] geb. zu Fassaneri, Violonzellist und Organist, schrieb verschiedene Cantaten, Messen, Simphonien, dann Konzerte für Oboe und Waldhorn, die vielen Beifall erhielten. 6) Michael Weinhöppel, Oboist. 7) Ant. Zwierzina, Waldhornist. 8) Ludwig Hoppius, ein sehr braver Fagottist. 9) Johann Betzler, ein Zögling des Seminars zu Amberg, Tenorsänger, der auch mehrere Messen u. andere Kirchenmusiken schrieb, die sehr gefielen.[222] 10) Franz Meißriemle,

Baßsänger.[223] 11) Wolf, Klarinetist.[224] 12) Karl Hiebetsch, Klarinetist. 13) Wolfgang Schneller und 14) dessen Bruder,[225] Trompeter.

[317] Felix Joseph Lipowski: Bayerisches Musik-Lexikon. München 1811, S. 287

[318] Wallerstein: Neues Schloß, Festsaal (um 1800)

Am 27. September 1814 machte Franz von Destouches (* 21. Januar 1772 München, † 10. Dezember 1844 ebd.), ein Schüler Haydns, der als ehemaliger Musikdirektor in Erlangen, Konzertmeister in Weimar und Professor für Musiktheorie an der Universität Landshut schon auf eine ansehnliche Karriere zurückblicken konnte, dem Fürsten das verlokkende Angebot, das Wallersteiner Kapellmeisteramt sozusagen *unentgeltlich oder für einige 100 fl. jährlich[226]* zu übernehmen. Man hatte es offenbar eilig, den renommierten Destouches als unbezahlten Leiter der Kapelle zu gewinnen: Bereits am 28. September erfolgte seine Ernennung. Der seit Beeckes Tod amtierende Musikdirektor Franz Xaver Hammer (1760-1818) unterstand ab sofort dem neuen Kapellmeister, dem nur vier Tage später auf seinen Wunsch hin auch *die Uniform eines Intendanten* [227] verliehen wurde.

[319] Destouches

Destouches scheint es bei seiner Offerte in erster Linie um Titel und Uniform gegangen zu sein. Nach einjährigem Aufenthalt bat er den Fürsten im September 1815 um Urlaub, da *ich willens bin, künftige Woche eine musikalische Kunstreise nach Stuttgart, Mannheim, Frankfurt über Würzburg anzutreten, um einige Theater und wieder neue Musik zu hören.*[228] Der Urlaub wurde ihm gewährt. Und auch im Jahr darauf befand sich Destouches meist auf Reisen. Als ein neuerliches Gesuch um Urlaubsverlängerung abgewiesen wurde, Destouches aber trotzdem nicht zurückkehrte, verfügte der Fürst am 17. Dezember 1816 seine Entlassung.[229]

[320] Amon: Zwei Sextette. Ms. (ca. 1810)

Im Lauf der Jahre war die Kapelle immer mehr heruntergekommen. Im Januar 1818 klagte die Intendanz: *Es kann hier keine Ouverture gegeben werden, ohne den Kontrabassisten Hetsch von Nördlingen kommen zu lassen.*[230] Endlich schien der Fürst zu begreifen, daß die Kapelle entweder aufgelöst oder neu organisiert werden mußte.

Anstelle des entlassenen Destouches wurde am 6. Mai 1817 als *2. Direktor* (neben Hammer) der Komponist, Dirigent und Musikverleger Johann Andreas Amon (* 1763 Bamberg, † 29. März 1825 Wallerstein) berufen. In einem längeren Schreiben gab er Fürst Ludwig Auskunft über seinen Werdegang:

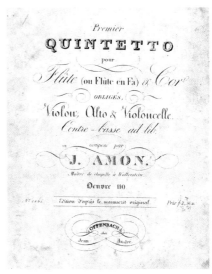

[321] Amon: Quintett Opus 110 (1824)

Ich für meinen Teil aber muß auf diesen Titel und Rang [eines Klaviermeisters] feierlichst Verzicht leisten, indem ich mich durch die Annahme desselben nicht nur an meinen vierjährigen Lehrern in der Komposition und Execution, einem Sacchini,[231] Vogler und Punto etc. in Paris so wie meinem eigenen durch längere Übung während meines Aufenthalts in Paris, Wien und Berlin in künstlerischem Verein und freundschaftlichem Umgang mit Haydn, Mozart, Reicha,[232] Righini,[233] Beeck,[234] etc. ausgebildeten und durch eine Menge gedruckter und ungedruckter Werke begründeten musikalischen Ruf, sondern auch an den vorbenannten und so vielen anderen verehrungswürdigen Gönnern und Freunden schwer versündigen würde.
[322] Amon an Fürst Ludwig (Nördlingen, 26. April 1817)

Amon hatte sich nach Jahren des Reisens 1789 als städtischer Musikdirektor und Musikverleger in Heilbronn niedergelassen. Ein großer Teil seines kompositorischen Oeuvres (mehr als 100 Opera) liegt im Druck vor, darunter viel Kammermusik, aber auch Solokonzerte, eine Sinfonie und Lieder. Sein Gehalt betrug 600 Gulden pro Jahr plus Naturalzuwendungen. Nach Hammers Tod wurde ihm im August 1818 der Kapellmeistertitel verliehen.

[323] Fürst Ludwig

Nachdem der Fürst in Amon endlich einen kompetenten Leiter seiner Hofmusik gefunden hatte, versuchte er eine Neuorganisation der Kapelle ins Werk zu setzen. Auf seinen Befehl hin legte der Musikintendant und Hofrat Kaspar Kohler ein Verzeichnis der Musiker vor, *welche zu einem guten Orchester nach Verschiedenheit ihrer Instrumente erforderlich sind.*[235] Im August 1818 verfügte Fürst Ludwig einen neuen Organisations-Erlaß für die Kapelle, in dem die Pflichten der Musiker genau festgelegt wurden. Da er bei seinen Planungen aber nur vom vorhandenen Personal ausging, was zusätzliche Neuengagements ausschloß, konnte es zu keinem wirklichen Neuanfang kommen.

Das Organisations-Rescript vom Jahre 1818 führt, den Kapellmeister Amon an der Spitze, als wirkliche Hofmusici folgende Individuen auf: Xaver Link sen., Franz Zwierzina sen., Christoph Hoppius, Michael Weinhöppel sen., Joh. Nep. Hiebesch, Chorregent und Hofmusikus, Markus Link, Hofmusikus, Franz Dietmann, Hofmusikus, Michael Cattenatti, Hofmusikus, Nikolaus Hammer, Hofmusikus, Leonhard Kleber, Hofmusikus, Johann Weinhöppel II., Hofmusikus, Josef Weinhöppel I., Hofmusikus, Josef Link, Hofmusikus, Franz Zwierzina, Hofmusikus, Alois Zwierzina, Hofmusikus, Jakob Schneller, Hofmusikus, Kaspar Lindacher, Hofmusikus, Michael Weinhöppel, Hofmusikus, Xaver Link, Hofmusikus, Karl Estner, Hofmusikus, Joh. Mich. Mettenleiter, Hofmusikus.

[324]Dominicus Mettenleiter, in: Orlando di Lasso. Registratur für die Geschichte der Musik in Bayern. H. 1. Brixen 1868, S. 36

[325] Fürst Ludwig

[326] Fürstin Creszentia

Die Größe der Kapelle ging immer mehr zurück. 1821 wurden die sonntäglichen Hofkonzerte eingestellt. 1823 resignierte Fürst Ludwig infolge seiner »unstandesgemäßen« Heirat mit Creszentia Bourgin (* 3. Mai 1806 Füssen, † 22. Juni 1853 Wallerstein), der schönen Tochter seines Hofgärtners, zugunsten des jüngeren Bruders Friedrich (* 16. Oktober 1793 Wallerstein, † 5. November 1842 ebd.), dessen musikalische Neigungen nicht im mindesten denen Ludwigs vergleichbar waren. 1825, nach Amons Tod, wurde der Kapellmeistertitel dem Wallersteiner Chorregenten Johann Michael Mettenleiter (* 1791 Großkuchen/Härtsfeld, † 11. Februar 1859 Wallerstein) verliehen. Die bisher in der Kapelle tätigen Hofangestellten fanden nur noch in der Kirchenmusik Verwendung, bestimmten aber maßgeblich das musikalische Niveau einer Privatmusikgesellschaft, die sich 1833 unter dem Namen »Harmonie« konstituierte.

1838 wurde der Wallersteiner »Singverein« und ein »Sextettverein« gegründet. Letzterer verfolgte das Ziel, die Pflege der Instrumentalmusik zu fördern. Die Impulse hierzu gingen wiederum von ehemaligen Mitgliedern der Hofmusik aus. Bei örtlichen Festlichkeiten wurde in kleineren Besetzungen (Sextett, Oktett) zur Unterhaltung oder zum Tanz aufgespielt, wobei das Repertoire auch eigene Bearbeitungen von populären Werken der zeitgenössischen Musikliteratur (Weber, Rossini, Meyerbeer, Verdi etc.) umfaßte. 1867 schlossen sich die Vereine zum »Musikverein Wallerstein« zusammen. Spätestens ab der Jahrhundertwende trat der »Singverein« wieder mit eigenen Aktivitäten hervor, während die Instrumentalmusikpflege nach 1905 eingestellt wurde.

[327] Wallersteiner Sextett (um 1860)

ANHANG

1745 Graf Philipp Karl von Oettingen-Wallerstein nimmt den Aufbau einer Hofkapelle in Angriff, die in seinem Todesjahr (1766) aus zehn Berufsmusikern und etlichen Bedienten bestehen wird. Der Graf unterhält musikalische Kontakte nach Mannheim und Stuttgart und zu Leopold Mozart in Salzburg.

1748 Sein ältester Sohn, Erbgraf Kraft Ernst, wird am 3. August in Hohenaltheim geboren.

1759 Ignaz von Beecke, Leutnant im Wallersteinischen Kontingent des württembergischen Kreisdragonerregiments »Prinz Friedrich«, tritt in den Hofdienst ein. Der Graf ernennt ihn zum persönlichen Adjutanten des Erbgrafen.

1766 Nach Philipp Karls Tod übt Gräfin Charlotte Juliane die Regentschaft für den minderjährigen Kraft Ernst aus.

1770 Erbgraf Kraft Ernst begegnet im April und im Mai in Rom und Neapel Wolfgang und Leopold Mozart und lädt sie zu einem Besuch in Wallerstein ein.

1773 Nach standesgemäßer Erziehung tritt Kraft Ernst am 3. August die Nachfolge seines Vaters an. Zusammen mit seinem Ratgeber Beecke sorgt er für den Wiederaufbau der nach dem Tod des Vaters vernachlässigten Hofmusik. Beecke wird mit dem Amt des Hofmusikintendanten betraut. Eine (erste) Blütezeit der Hofkapelle setzt ein.

1774 Der Kaiser erhebt Graf Kraft Ernst am 25. März in den erblichen Reichsfürstenstand.

1775 Fürst Kraft Ernst heiratet am 25. August Prinzessin Marie Therese von Thurn und Taxis.

1776 Am 9. März stirbt die Fürstin nach der Geburt ihrer Tochter Friederike. Das von Rosetti für die Beisetzungsfeierlichkeiten komponierte Requiem wird im Dezember 1791 auch bei Mozarts Totenfeier in Prag erklingen. In seiner Trauer zieht sich der Fürst für Monate nach Metz (Lothringen) zurück. Die Hofmusik wird beurlaubt.

1777 Ende Oktober macht Wolfgang Amadé Mozart auf seiner Reise nach Paris in der Sommerresidenz Hohenaltheim Station. Der Besuch steht unter kei-

nem »guten Stern«: Der trauernde Fürst befindet sich nach wie vor *in der grösten Melancolye* und interessiert sich für nichts weniger als Musik. Eine von Beecke vermittelte Audienz verläuft enttäuschend.

1778/79 Rosetti komponiert das erste Bläserquintett der Musikgeschichte.

1780 Fürst Kraft Ernst wendet sich wieder seiner Hofkapelle zu, die eigentliche Blütezeit setzt ein. Joseph Reicha übernimmt das Amt des Kapellmeisters. Das Orchester zählt in den 1780er Jahren 25 bis 30 Musiker.

1781 Rosetti unternimmt im Oktober - vom Fürsten beurlaubt und mit Empfehlungsschreiben ausgestattet - eine überaus erfolgreiche Reise nach Paris, von der er im Mai 1782 zurückkehrt. Sein internationales Ansehen als Komponist steigt in den nächsten Jahren sprunghaft an. Joseph Haydn offeriert dem Fürsten im Dezember schriftlich eine Reihe von Streichquartetten. Der Briefkontakt besteht bis 1796 fort.

1785 Nach dem Ausscheiden Reichas wird Rosetti der Posten des Kapellmeisters übertragen. Offiziell bezeugt ist er in dieser Funktion allerdings erst 1788; ein Ernennungsdekret fehlt.

1787 Der junge Beethoven weilt im März als Gast des Hofrats Joseph Wilhelm von Schaden und seiner Frau Nanette für kurze Zeit in Wallerstein.

1788 Kraft Ernst gibt im Januar bei Joseph Haydn drei Sinfonien in Auftrag, die außer ihm *niemand besitzen solle.* Haydn liefert die Werke (Hob. I:90-I:92) im Oktober 1789, verschweigt aber, daß er sie auch nach Paris geschickt hat.

1789 Rosetti verläßt im Juli Wallerstein und tritt als Hofkapellmeister in die Dienste des Herzogs von Mecklenburg-Schwerin. Die musikalische Leitung der Kapelle geht an Georg Feldmayr über. Fürst Kraft Ernst heiratet am 20. Oktober in zweiter Ehe Prinzessin Wilhelmine Friederike von Württemberg.

1790 Joseph Haydn weilt, einer Einladung des Fürsten folgend, im Dezember einige Tage in Wallerstein, ehe er seine Reise nach England fortsetzt.

1792 Ignaz von Beecke scheidet - zum Major befördert - aus dem Wallersteiner Militärdienst aus. Am 30. Juni stirbt Rosetti in Ludwigslust.

1796/1801 Während der Koalitionskriege sieht sich der Fürst mehrfach gezwungen, Wallerstein zu verlassen und mit seinem Hof im benachbarten neutralen »Ausland« Zuflucht zu suchen. Die große Zeit der Wallersteiner Hofkapelle geht zu Ende.

1802 Prinzessin Friederike, Kraft Ernsts Tochter aus erster Ehe, heiratet im September Fürst Karl Eugen von Lamberg. Am 6. Oktober stirbt Kraft Ernst 54jährig. Seine Witwe übernimmt die Regentschaft für Erbprinz Ludwig.

1803 Am 2. Januar stirbt Ignaz von Beecke in Wallerstein. Franz Xaver Hammer wird zum Direktor der Hofmusik ernannt.

1806 Das mediatisierte Reichsfürstentum Oettingen-Wallerstein fällt an Bayern. Die prekäre Finanzsituation des fürstlichen Hauses hat drastische Einsparungsmaßnahmen zur Konsequenz, die auch die Hofmusik betreffen.

1812 Erbprinz Ludwig tritt die Regierung an.

1814 Fürst Ludwig bestellt Franz von Destouches zum Hofkapellmeister, dessen permanente Abwesenheiten Ende 1816 zu seiner Demission führen.

1818 Nach Hammers Tod ernennt Fürst Ludwig Johann Andreas Amon zum Direktor der Hofmusik.

1821 Die sonntäglichen Hofkonzerte werden eingestellt.

1823 Fürst Ludwig resigniert wegen seiner unstandesgemäßen Heirat zugunsten des jüngeren Bruders Friedrich.

1825 Nach Amons Tod versieht der Wallersteiner Chorregent Mettenleiter den Kapellmeisterposten nur noch »pro forma« und im Nebenamt.

Hofmusikintendanten
1.   Ignaz von Beecke (1733-1803): 1773-1803
2.   Geheimrat Ludwig: 1803-1812
3.   Johann Kaspar Kohler: 1812 ff.

Kapellmeister/Musikdirektoren[236]
1.   Joseph Reicha (1752-1795): um 1780 - 1785
2.   Antonio Rosetti (um 1750 - 1792): 1785-1789
3.   Johann Georg Feldmayr (1756 - nach 1831): 1789 - 1797/1800
4.   Franz Xaver Hammer (1760-1818): 1803/05 - 1814/18
5.   Franz Seraph von Destouches (1772-1844): 1814/16
6.   Johann Andreas Amon (1763-1825): 1818-1825
7.   Johann Michael Mettenleiter[237] (1791-1859): 1825 ff.

Chorregenten
1.   Franz Ignaz Schreiber († 1777): 1745-1765
2.   Franz Xaver Pokorný (1729-1794): 1766/70
3.   Johann Steinheber (1721-1807): 1770-1807
4.   Johann Nepomuk Hiebesch (1766-1820): 1807-1820
5.   Johann Michael Mettenleiter (1791-1859): 1820 ff.

Instrumentalisten[238]
Violine
1.   Joseph Beer (1770-1819): um 1785 (oder früher) - 1796
2.   Anton Michael Cattenatti († 1819): 1756-1766
3.   Franz Dietmann (1765-1833): um 1785 ff.
4.   Johann Georg Feldmayr (1756 - nach 1831): um 1780 - 1797/1800
5.   Johann Othmar Gerstmayr: um 1755/1774 - um 1801 (1.G[239])
6.   Karl Gerstmayr (1757-1795): 1774/80 - 1795 (2.G)
7.   Franz Xaver Hammer (1760-1818): kurz nach 1780 - 1818 (2.G)
8.   Joseph Anton Hammer (1720/21-1808): 1752/55 - um 1788 (1.G)
9.   Joseph Caspar Hiebesch (1768-1805): spätestens 1794 - 1805
10. Ignaz Höfler: um 1788
11. Johann F. Höfler (1775-1796/97): um 1790 - 1796/97
12. Johann Anton Hutti (1751/52-1785): 1773-1785
13. Anton Janitsch (1752/53-1812): 1774-1779, 1782-1785
14. Jakob Janota (1718-1798): um 1755 - um 1785
15. Leonhard Kleber: nach 1802

16.   Johann Wilhelm Lévêque (1759-1816): um 1780/82
17.   Franz Xaver Link jun. (* 1796): spätestens 1818 ff. (3.G)
18.   Franz Xaver Link sen. (1759-1825): um 1780 - 1825 (2.G)
19.   Joseph Alban Link (* 1793): spätestens 1818 ff. (3.G)
20.   Markus Anton Link (1771-1840): 1783 ff. (2.G)
21.   Sebastian Albrecht Link († 1795): spätestens 1751 - 1795 (1.G)
22.   Franz Christoph Neubauer (1760-1795): um 1781/83 (?)
23.   Franz Xaver Pokorný (1729-1794): 1751/52 - 1766/70
24.   Johann Michael Weinhöppel jun. (* 1796): um 1818 ff. (2.G)
25.   Joseph Weinhöppel (* 1792): um 1818 ff. (2.G)
26.   Johann Anton Weixelbaum (* 1764): um 1780 ff.
27.   Karl Friedrich Weixelbaum[240] (1769-1812): um 1785 - 1812
28.   Franz Xaver Zwierzina (1786-1838): spätestens 1818 ff. (2.G)

Viola
1.   Johann Baptist Bezler (* 1758): spätestens 1784 - 1808 (oder später)
2.   Anton Michael Cattenatti († 1819): 1794 ff.
3.   Karl Estner: um 1818 ff.
4.   Johann Steinheber (1721-1807): um 1747/56 ff.
5.   Johann Türrschmidt (1725-1800): 1780-1800

Violoncello
1.   Johann Nepomuk Hiebesch (1766-1820): um 1785/89 - 1820
2.   Joseph Caspar Hiebesch (1768-1805): spätestens 1794 - 1805
3.   Karl Albrecht Link (1757-1783): 1780-1783 (2.G)
4.   Joseph Reicha (1752-1795): 1774-1785
5.   Johann Weinhöppel (* 1794): spätestens 1818 ff. (2.G)
6.   Paul Wi(n)neberger (1758-1821): 1780-1798
7.   Friedrich Witt (1770-1836): 1790-1796

Violone/Kontrabaß
1.   Joseph Caspar Hiebesch (1768-1805): spätestens 1794 - 1805
2.   Kaspar Lindacher: um 1818 ff.
3.   Franz Marx: 1774 - 1788 (oder später)
4.   Antonio Rosetti (um 1750 - 1792): 1773-1789
5.   Johann Nepumuk Zehentner (1763-1801): 1788-1801

Flöte
1.   Alois Vincent Ernst (1759-1814): 1773/1780 - 1814 (2.G)
2.   Georg Wilhelm Ernst (* 1769): spätestens 1785 - 1796 (2.G)
3.   Thomas Ernst (1722/23-1797): um 1756 - um 1776 (1.G)
4.   Johann Georg Feldmayr (1756 - nach 1831): um 1780 - 1797/1800
5.   Johann Ignaz Klauseck (vor 1720 - nach 1760): 1747-1751

6.   ? Merz: vor 1784
7.   Anton Reicha (1770-1836): bis 1785
8.   Franz Anton Rein: 1819 ff.
9.   Johann Michael Weinhöppel jun. (* 1796): um 1818 ff. (2.G)
10.   Kaspar Wolf: um 1811

Oboe
1.   Johann Markus Berwein: 1777-1781
2.   Joseph Fiala[241] (1748-1816): 1774-1777
3.   Franz Xaver Fürall († 1780): 1774-1780
4.   Johann Ignaz Klauseck (vor 1720 - nach 1760): 1747-1751
5.   Gottfried Joseph Klier (1757-1800): 1781-1788
6.   Johann Ludwig Koeber: um 1790 - 1798
7.   ? Rostozil: um 1765/66
8.   ? Sevida: um 1766
9.   Johann Adam Walter: 1799 - um 1803
10.   Johann Weinhöppel (* 1794): spätestens 1818 ff. (2.G)
11.   Johann Michael Weinhöppel sen. (1764-1840): 1781 ff. (1.G)
12.   Joseph Weinhöppel (* 1792): um 1818 ff. (2.G)
13.   Kaspar Wolf: um 1811

Klarinette
1.   Joseph Beer (1770-1819): um 1785 (oder früher) - 1796
2.   Michael Fürst: um 1778
3.   Karl Hiebesch: um 1811
4.   Franz Xaver Link sen. (1759-1825): um 1780 - 1825 (2.G)
5.   Joseph Alban Link (* 1793): spätestens 1818 ff. (3.G)
6.   Georg (?) Verlen: 1791-1792

Horn
1.   Friedrich Domnich (1728 - um 1790): 1746/47-1751
2.   Andreas Eder: spätestens 1748 - 1751
3.   Christoph Fritsch: bis spätestens 1747
4.   Joseph Fritsch (um 1725 - nach 1806): 1752-1766
5.   Joseph Anton Hammer (1761-1800): um 1780 - 1799 (2.G)
6.   Johann Nepomuk Hiebesch (1766-1820): um 1785/89 - 1820
7.   Joseph Caspar Hiebesch (1768-1805): spätestens 1794 - 1805
8.   Joseph Joseph (1727-1804): um 1754
9.   Johann Nagel (* 1787): um 1805 - vor 1818 (2.G)
10.   Joseph Nagel (1751/52-1802): 1780-1802 (1.G)
11.   Johann Georg Nisle (1731-1788): 1773-1777
12.   Bernard Raab: bis 1763
13.   Johann Türrschmidt (1725-1800): 1752-1766, 1773/74-1780 (und später)

14. Franz Heinrich Anton Zwierzina (1751-1825): 1780-1825 (1.G)
15. Franz Xaver Zwierzina (1786-1838): spätestens 1818 ff. (2.G)
16. Joseph Anton Alois Zwierzina (* 1788): spätestens 1818 ff. (2.G)

Fagott
1. Anton Böck: 1780
2. Franz Czerwenka (1746/47-1801): 1781
3. Christoph Ludwig Hoppius (um 1750 - 1824): 1783 - nach 1818
4. Franz Joseph Jandoffsky (1748/49-1788): um 1766 - um 1778
5. Franz Xaver Meisriemle (1742-1814): 1784-1814

Trompete
1. Johann Baptist Bezler (* 1758): spätestens 1784 - 1808 (oder später)
2. Nikolaus Hammer († 1834): um 1818 ff.
3. Franz Marx: 1774 - 1788 (oder später)
4. Eustach Schneller (1709/10-1782): 1748/52 - spätestens 1782 (1.G)
5. Jakob Schneller (* 1790): um 1811 ff. (3.G)
6. Johann Wolfgang Joseph Schneller (1752-1811): um 1782 - 1811 (2.G)

VOKALISTEN[242]
1. Creszentia Estner (1772-1790), Sopran: bis 1790
2. Monica Feldmayr, Sopran
3. Franziska Steinheber, Sopran
4. ? Weixelbaum, Sopran
5. ? Ernst (* 1787), Alt
6. ? Rupp(in), Alt
7. Margaretha Steinheber, Alt
8. Josefa Link, ?
9. Johann Georg Feldmayr (1756 - nach 1831), Tenor: um 1780 - 1797/1800
10. Johann Anton Weixelbaum (* 1764), Tenor: um 1780 ff.
11. Johann Baptist Bezler (* 1758), Baß: spätestens 1784 - 1808 (oder später)
12. Franz Xaver Meisriemle (1742-1814), Baß: 1784 ff.
13. Corneille (Cornelius?) Weixelbaum, Baß

BIOGRAPHISCHE NOTIZEN zu einigen wichtigen Hofmusikern, die im Hauptteil nicht eigens gewürdigt sind:

JOSEPH BEER (* 1770, † 7. August 1819 Wien) ist in den Wallersteiner Akten zunächst als Geiger faßbar.[243] Wohl im Winter 1785/86 ermöglichte ihm Kraft Ernst einen Aufenthalt in Würzburg, um sich als Klarinettist weiterzubilden. 1794 unternahm er mit Friedrich Witt eine Konzertreise nach Norddeutschland. Belegt sind erfolgreiche Auftritte als Klarinettist an den Höfen von Ludwigslust und Potsdam. 1796 reiste er zusammen mit Witt nach Wien. Kurze

Zeit später nahm ihn dort Fürst Joseph Alois Liechtenstein in seine Kapelle auf. 1798 spielte er in einer Akademie der Wiener Tonkünstler-Societät im Kärntnertor-Theater den Klarinettenpart in Beethovens Quintett op. 16 (mit dem Komponisten am Klavier). 1803 wurde er Mitglied der Tonkünstler-Societät. Er wird häufig mit seinem Namensvetter Joseph Beer (1744-1812) verwechselt, der u.a. in St. Petersburg (1783 - 1790/92) und ab 1792 am Berliner Hof engagiert war.

Der Fagottist FRANZ CZERWENKA (* 1746/47 Benatek/Böhmen, † 27. April 1801 Wien) wurde Anfang 1781 nach Wallerstein engagiert. Bereits im September bat er um seine Entlassung, da seine Ehefrau *sich in hiesigen Landen gar nicht einge-wöhnen kann* und ihn deshalb *täglich und stündlich quälet*.[244] Wahrscheinlich verließ er den Hof nach Beendigung der musikalischen Aktivitäten in Hohenaltheim im Herbst. Nach einem Engagement in der Hofkapelle des Preßburger Fürst-erzbischofs Joseph Graf Batthyány trat er 1783 in die von Joseph Haydn gelei-tete Kapelle des Fürsten Nikolaus Esterházy ein. Seit 1794 war er Mitglied der kaiserlichen Hofkapelle in Wien.

ALOIS VINCENT ERNST (* 19. Januar 1759 Wallerstein, † 9. Januar 1814 ebenda), Sohn des Wallersteiner Flötisten Thomas Ernst (1722/23 - 1797) und seit 1773 Angehöriger der »Livrée«, studierte zwischen 1776 und 1779 knappe zwei Jahre bei dem Flötisten Liebeskind in Ansbach. Um 1780 wurde er zum Hofmusiker ernannt. Spätestens seit 1785 saß (bis 1796) sein jüngerer Bruder Georg Wilhelm (* 22. Februar 1769 Wallerstein) am zweiten Flötenpult und versah außerdem das Amt des Kalkanten.

FRANZ XAVER HAMMER (* 28. März 1760 Wallerstein, † 23. Juli 1818 ebd.) wurde nach erstem Violinunterricht beim Vater, dem Wallersteiner Hofmusiker Anton Hammer, Schüler des Mannheimer Konzertmeisters Ignaz Fränzl (1736-1811). Kurz nach 1780 trat er in Kraft Ernsts Kapelle ein. In den folgenden Jahren unternahm er Konzertreisen, die ihn u.a. nach Ansbach, Augsburg und Mainz führten. Nach Beeckes Tod wurde er 1803 zum provisorischen und 1805 zum »wirklichen« Direktor der Hofmusik ernannt.

Der Cellist und Hornist JOHANN NEPOMUK HIEBESCH (* 18. Mai 1766 Birkhau-sen bei Wallerstein, † 31. Juli 1820 ebd.), Sohn eines aus Böhmen stammenden Hofjägers, soll angeblich Kompositionsschüler Rosettis gewesen sein. Sein Ein-tritt in die Hofkapelle muß demnach vor 1789 erfolgt sein. Er war Klavierleh-rer der Kinder Kraft Ernsts und trat auch als Komponist hervor (Sinfonien, Solokonzerte, Harmoniemusiken, Kirchenmusik). Um die Jahrhundertwende unternahm er mit seinem Bruder Joseph (* 10. November 1768 Birkhausen, † 19. Oktober 1805 Wallerstein), der ebenfalls der Hofmusik angehörte, Kon-zertreisen, auf denen sie sich als Hornduo präsentierten. 1807 wurde Hiebesch Nachfolger Johann Steinhebers als Chorregent.

Der Fagottist CHRISTOPH LUDWIG HOPPIUS (* um 1750 Rastatt, † 21. Mai 1824 Wallerstein) trat 1783 in die Wallersteiner Hofkapelle ein. Bereits im Dezember desselben Jahres gastierte er mit Rosetti in Mainz. Zusammen mit Klier, Nagel und Zwierzina gehörte er zu den bestbezahlten Musikern der Kapelle. Kurz nach Rosettis Übertritt in die Hofkapelle des Herzogs von Mecklenburg-Schwerin (1789) erreichte ihn das Angebot, ebenfalls dorthin zu wechseln. Die Anstellung erfolgte zum 1. Januar 1790, sein Jahresgehalt betrug 600 Gulden. Schon im März bat er aber Fürst Kraft Ernst, wieder aufgenommen zu werden, und im April war er, nachdem der Fürst seine Gehaltsforderungen akzeptiert hatte, zurück in Wallerstein, wo er dann bis zum Ende seiner Karriere wirkte.

Der Geiger JOHANN ANTON HUTTI (* 1751/52, † 20. Januar 1785 Wallerstein), seit 1767 in der Hofkapelle Herzog Karl Eugens von Württemberg nachweisbar, wurde zum 1. November 1773 von Fürst Kraft Ernst nach Wallerstein verpflichtet, wo er bis zu seinem frühen Tod blieb. Mit 400 Gulden Jahresgehalt zählte er 1774 zu den bestbesoldeten Musikern der Kapelle. Hutti war auch als Komponist tätig: Zwei Violinkonzerte liegen in der Oettingen-Wallersteinschen Bibliothek, eines davon scheint in Zusammenarbeit mit Rosetti entstanden zu sein (OeWB III 4 ½ 4° 797).

GOTTFRIED JOSEPH KLIER (* 14. März 1757 Prag, † 8. Januar 1800 Wallerstein) wurde 1781 als erster Oboist nach Wallerstein engagiert. 1785 zählte er zusammen mit den beiden Hornisten und Hoppius zu den bestbesoldeten Musikern der Hofkapelle. Zwei Oboenkonzerte Rosettis aus Kliers Nachlaß sind in der Oettingen-Wallersteinschen Bibliothek erhalten. Seine Karriere als Oboist war nur kurz. 1788 heißt es in der »Musikalischen Real-Zeitung«: *Hr. Clier ist wegen seiner Brust dispensirt, wählte aber ein ander Instrument.*[245] Um welches Instrument es sich dabei handelte, ist nicht bekannt.

Der Geiger JOHANN WILHELM LÉVÊQUE (* 1759 Köln, † 1816 Hannover) erhielt seine musikalische Ausbildung in Paris. Nach Gastauftritten in Frankreich und Süddeutschland war er in den frühen 1780er Jahren - wohl als Ersatz für Janitsch, der erst 1782 wieder in Kraft Ernsts Dienste trat - Konzertmeister in Wallerstein. Später wirkte er als Konzertmeister des Fürsten von Nassau-Weilburg und des Fürstbischofs von Passau sowie als königlicher Konzertdirektor in Hannover. Lévêque trat auch als Komponist hervor.

Der Fagottist FRANZ XAVER MEISRIEMLE (* 29. Juli 1742 in Schwaben, † 11. August 1814 Wallerstein), zunächst Mitglied der Donaueschinger Hofkapelle des Fürsten von Fürstenberg, später in der Kapelle des Erzbischofs von Prag belegt, wurde 1784 als zweiter Fagottist und Baß-Solist nach Wallerstein verpflichtet. Wegen seiner guten Sprachkenntnisse betraute man ihn auch mit Verwaltungsaufgaben.

Der Geiger und Komponist FRANZ CHRISTOPH NEUBAUER (* 1760 Horin/Böhmen, † 11. Oktober 1795 Bückeburg) war dem Musikwissenschaftler Stanley McCredie[246] zufolge in den frühen 1780er Jahren einige Zeit in Wallerstein engagiert. Archivalische Belege fehlen. 1783 war er kurzzeitig Leiter der Hofmusik des Fürsten von Fürstenberg in Donaueschingen. Nach unstetem Wanderleben wurde er 1790 Fürstlich Nassau-Weilburgischer Kapellmeister und 1795 Fürstlich Lippischer Hofkapellmeister in Bückeburg.

JOHANN MICHAEL WEINHÖPPEL (* 17. Dezember 1764 Deiningen/Ries, † 22. Juni 1840 Wallerstein), Sohn eines Oettingen-Wallersteinschen Militärmusikers, trat 1778 in fürstliche Dienste. Seit 1781 war er als zweiter Oboist Kliers Pultnachbar. Als dessen gesundheitliche Probleme den Rückzug vom ersten Oboenpult erzwangen, wurde Weinhöppel, um sich zu vervollkommnen, zu Friedrich Ramm (um 1744 - 1813) nach München geschickt. 1791 erfolgte die Entlassung aus der »Livrée« und die Ernennung zum Hofmusiker. 1807 gastierte er mit seinen Söhnen Joseph (* 1792), Johann (* 1794) und Michael (* 1796) - allesamt später Mitglieder der Wallersteiner Kapelle - in Wien, Prag, Preßburg und Raab.

ANHANG 3: GENEALOGIE DES HAUSES OETTINGEN

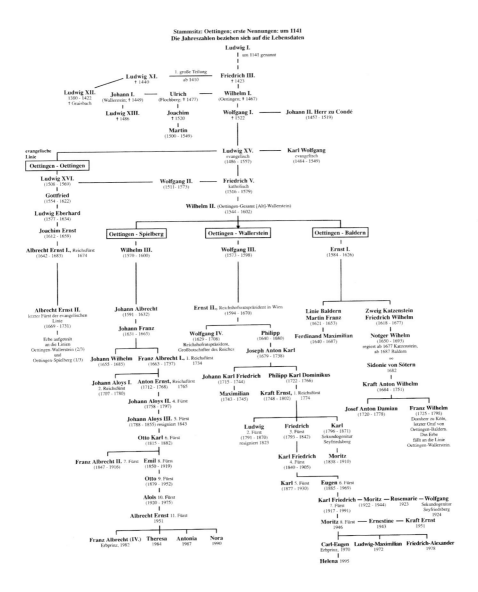

Quelle: Wilfried Sponsel: Die Burgen und Schlösser der Fürsten zu Oettingen-Wallerstein.
Ubstadt-Weiher 1996

ANHANG 4

Mappa Geographica COMI-
TATVS OETTINGENSIS. Carte
du Comté d'OTTINGUE, si-
tué dans le Cercle de Suabe,
& divisé en IV. Parties, qui
sont la PRINCIPAVTÉ d'OT-
TINGVE, la Comté d'OTTIN-
GVE-OTTINGVE, la Comté
d'OTTINGVE-WALLERSTEIN,
& la Comté d'OTTINGVE-
BALDERN.

[...] Similiter Territoria
vrbivm Imperial. Nordl.
Dvnkelsbvhl & Bopfing
atque alias adjac. regiones.
Delineante M.F.C. & eden-
tibus Homannianis Here-
dibus Norimb. 1744. Cum
Privil. S. C. M. [247]

Oettingen, *die Grafschaft, grenzt gegen Mitternacht an Ansbach, gegen Morgen an Baiern, gegen Mittag an Pfalzneuburg, gegen Südwest an Neresheim, gegen Abend an das teutsch-ordensche Gebiet, und die Probstei Ellwangen. Einige Aemter liegen ausser diesem Bezirk, dagegen die zwo Reichsstädte, Nördlingen und Bopfingen, innerhalb dieser Grenzen. 1744 kam im Homannschen Verlag eine recht gute, und für die damalige Landestheilung, genau illuminirte Karte, von dieser Grafschaft, heraus. Die gröste Länge der Grafschaft ist 8 Meilen, und die Breite 5. [...]*

Die Anzahl der Einwohner in der Grafschaft Oettingen belauft sich auf 56,000. Die Anzahl der Oettingenspielbergschen Einwohner weiß man durch Zählungen. 1780 fand man im Oberamt Oettingen 10,000, im Amt Mönchsroth 2600, im Amt Spielberg 2500, im Amt Dürrwangen 1600, im Pflegamt Hochaltingen 1400, und im Amt Aufkirchen 900 Personen; rechnet man die nicht gezählte Dienerschaft, Militär, Beamten, dazu, so macht dieß eine Anzahl von 20,000. Der grösere Wallersteinsche Antheil kann 36,000 also die ganze Grafschaft 56,000 Seelen enthalten. Die Grafschaft enthält nur eine Stadt, aber ansehnliche Marktfleken, Schlösser, ehemalige und noch bestehende Klöster, und einige hundert Dörfer, von welchen die meisten klein sind.

Die Einwohner sind theils der katholischen, theils der evangelischen Religion zugethan. [...] Die drei Linien des Wallersteinschen Antheils [...] blieben katholisch. Im Spielbergschen Landesantheil ist das Pflegamt Hochaltingen ganz katholisch, das Amt Aufkirch aber ganz evangelisch. Die Stadt Oettingen nebst den Aemtern Spielberg, Mönchsroth und Dürrwangen sind vermischter Religion.

Die Evangelischen haben 42 Pfarreien im Lande, die unter den Superintendenzen Mönchsdeggingen, Harburg und Hohenaltheim stehen. Ueber diese ist ein gemeinschaftlicher Generalsuperintendent gesetzt. Das ganze Religionswesen im Evangelischen besorgt ein gemeinschaftliches Konsistorium. Die katholischen Einwohner stehen in kirchlichen Sachen unter den Bischöfen von Augsburg und Eichstätt; was disseits der Werniz liegt, gehört ins Bisthum Augsburg, und was jenseits der Werniz liegt, ins Bisthum Eichstätt. Die Katholischen besizen die Klöster zu Mönchsdeggingen, und Kirchheim im Wallersteinschen, das gemeinschaftliche Kloster Maria Maihingen, und die Klöster zu Fremdingen und Hochaltingen im spielbergschen Landesantheil. Alle diese Klöster stehen unter Oettingenschem Schuz und Landeshoheit, und die Fürsten haben auch das Recht, die von den Klosterbewohnern gesezte Vorsteher zu bestättigen.

Die Grafschaft führt von den Produkten ihres Landbaus aus: Getreide, Holz, Flachs, Garn, Leinwand, Rindvieh und Pferde. Zu Dürrwangen ist eine Nadelfabrik, und zu Oettingen eine Baumwollenfabrik. Auch werden in der Grafschaft viele Gänse gezogen, und ein ansehn-

licher Handel mit Federn getrieben, der sich weit erstreckt. Für die Armen sind in der Grafschaft Oettingen zwei Spitäler, zwei Waisenhäuser, ein katholisches und ein evangelisches,
ein Wittwenhaus, und ein Siechenhaus.

Für die Erziehung der Jugend ist zu Oettingen ein evangelisches lateinisches Seminar, und
zu Wallerstein ein Piaristenkollegium. Die vormalige lateinsche Schule zu Oettingen, ist in
eine Normalschule umgeschaffen worden, die drei Klassen, und drei Lehrer hat. [...]

Die Grafschaft Oettingen ist ein Lehen vom Kaiser und Reich, welches der älteste Herr des
Hauses empfängt. Oettingen war in vier Theile getheilt, in Oettingen-Spielberg, Oettingen-
Oettingen, Oettingen-Wallerstein, u. Oettingen-Baldern. Der öttingen-öttingensche Antheil
ist unter die zwei noch blühenden Linien Oettingenspielberg und Wallerstein, mit ungleichen
Theilen, getheilt worden; daher sich auch beide Linien von Oettingen-Oettingen schreiben, und
diesen besondern Landesantheil im Titel führen. Diese beiden Linien besizen den fürstlichen
Titel, aber - welches wohl zu bemerken, - keine unmittelbare reichsfürstliche Würde, ob sie
sich gleich selbst Reichsfürsten nennen. Denn weder die ausgestorbene fürstliche Linie Oettingen-
Oettingen, noch die wirklich blühenden zwo Linien, welche den fürstlichen Titel besizen, sind
je in das Reichsfürstenkollegium aufgenommen worden, sondern die Grafschaft Oettingen wird
auf dem Reichstage nur als eine Grafschaft, niemals als ein Reichsfürstentum behandelt, und
hat auf der Grafenbank Stimme und Siz. Der schwäbische Kreis aber hat Oettingen-Oettingen
1675 auf seinen Fürstenbank aufgenommen. Als Oettingen-Oettingen ausstarb, so ruhte die
fürstlichen Stimme beim schwäbischen Kreise, bis 1767, wo die zwo Linien, Spielberg und
Wallerstein, sich verglichen, daß der ältere Regent jedesmal das fürstliche Votum wegen Oettingen-
Oettingen nachführen, die beiden andern Herren aber ihre Stimme auf der Grafenbank geben sollen. Oettingen hat demnach auf dem Reichstage, im Grafenkollegium, eine Stimme;
beim schwäbischen Kreise, im Fürstenkollegium, eine Stimme, zwischen Fürstenberg und der
Landgrafschaft Klettgau, und eine auf der schwäbischen Grafenbank. [...]

Die Kreistruppen der Grafschaft Oettingen betragen 270 Mann, nemlich 40 Kavalleristen
und 224 Mann Infanterie, und noch wegen der Aufnahme auf die schwäbische Fürstenbank,
6 Mann Infanterie. Oettingenwallerstein stellt 168 Mann, und Oettingenspielberg 90 Mann.
Von diesem Oettingenschen Anschlag hat die Abbtei Neresheim 12 Mann Infanterie übernommen. [...]

Die Einwohner der Grafschaft werden als Unterthanen eines Landes betrachtet, ob sie gleich
zween verschiedenen Herren angehören. Der Handel in der Grafschaft ist durch keine Zölle
und andere Abgaben der Ein- und Ausfuhre von einem Landestheil in den andern, gehin-
dert. Auch ist der Zug der Oettingenschen Unterthanen von einem Gebiet in das andere frei.

Der Titel des Fürsten von Wallerstein ist: Des heil. röm. Reichs regierender Fürst zu Oettingen-
Oettingen und Oettingenwallerstein. [...] Die Einkünfte der Regenten Oettingens sind theils
gemeinschaftlich, theils gehören sie jedem Herrn besonders. Die gemeinschaftlichen sind Zehenten, Zölle, Geleitsgelder und andere, die von dem gemeinschaftlich aufgestellten Landvogt

verwaltet werden. Die Privateinkünfte eines jeden Herrn allein bestehen aus Steuern, Nach-
steuern, Gewerbsteuern, Viehsteuern, Umgeld, Konsensgeld, Schuzgeld, Zöllen, Weggeld, Forst-
und Jagdgefällen, Gülten, Zehenten, Hauptrecht, Handlohn, Grundzins, Pachten, Brauereien,
eigenen Gütern, See- und Wasserbestand, Strafgefällen, und anderen Abgaben. [...]

Jeder der regierenden Herren hat seine eigene Regierung, auch andere nöthige Kollegien. [...]
Oettingen-Wallerstein hat eine Regierung zu Wallerstein, die aus einem Kanzler und einigen
Räthen besteht; und eine Rentkammer, die einen Kammerdirektor und einige Räthe hat. [...]

Oettingen-Wallerstein besitzt die Aemter: Wallerstein, Neresheim, Bissingen, Offingen, Har-
burg, Allerheim, Hochhaus, Kirchheim, und das Dorf Diamantstein. Ausser Oettingen: die
Herrschaften Burgberg und Seifriedsberg, wie auch die 1798 ausgestorbene Grafschaft Baldern,
welche im Oberamt Baldern und Pflegamt Kazenstein bestehet.

Wallerstein, *Marktfleken und Schloß, von 1231 Seelen, in der Grafschaft Oettingen, ge-*
hört Oettingen Wallerstein, welche fürstliche Linie von diesem Orte den Namen hat. s. Art.
Oettingen-Wallerstein.

Hohenaltheim, *Pfarrdorf, Schloß und Superintendenz, in der Grafschaft Oettingen, und*
Wallersteinschen Amt Hochhaus. Das hiesige Lustschloß ist der gewöhnliche Sommeraufent-
halt des Fürsten von Wallerstein.

(1800/1801)

ANMERKUNGEN

VORWORT
[1] Um 1800 lebten auf 600 qkm nur 36.000 Menschen (Röder, vgl. Anm. 248).
[2] Adolf Layer in: Musik in Geschichte und Gegenwart. Bd. 14. Kassel 1968, Sp. 171.

KAPITEL I
[3] Beide Hornisten hatten berühmte Söhne: Heinrich Domnich (1767-1844) und seine Brüder Jakob (* 1758) und Arnold (1771-1836) wie auch Karl Türrschmidt (1753-1797) zählen zu den herausragenden Hornvirtuosen ihrer Zeit (vgl. auch II.7).
[4] In der OeWB ist von seinen Werken nichts erhalten.
[5] Auch Musik des Hofkaplans Mysligowski († 1774) sucht man in der OeWB vergebens.
[6] Wallersteiner Taufregister am 11. September 1763 (Kath. Pfarramt Wallerstein).
[7] Der Kattundrucker Anton Christoph Gignoux (1720-1795) war seit 1752 Leiter des Augsburger »Collegium musicum«, eines Liebhaberorchesters, das seine Konzerte im »Bäckerhaus« gab.
[8] (1726-1804), Musikverleger in Augsburg, Mitglied des dortigen »Collegium musicum« und Freund Leopold Mozarts.
[9] OeWA; zit. nach Adolf Layer: Johann Zach in Dillingen und Wallerstein, in: Die Musikforschung 11 (1958), S. 84.

KAPITEL II.1
[10] *Den 3. August 1748 ist von Ihro [...] gnadten frey Prelaten Michaële Dobler uon deckingen getauft wordten Crafft Ernst Judas Thadaeus Nothgerus in Hochen Altheimb / Parentes, Der hochgebohrene Graf undt herr herr Philipp Carl des hl Röm Reichs Graf zu Öettingen-Öettingen undt Öettingen Wallerstein [...] dan die hochgebohrene Grafin undt frau frau Charlothe des hl: Röm Reichs Gräfin zu Öettingen Öttingen undt Öettingen Wallerstein, gebohrene Gräfin uon Öettingen Baldtern undt Soetern* (OeWA).
[11] Türrschmidt, der auch schon Philipp Karls Kapelle angehört hatte, war nach dessen Tod in die Dienste des Fürsten von Thurn und Taxis getreten (vgl. II.7).
[12] Schiedermair (S. 83) und Kaul (S. XVII) ergänzen zu »S. Frhr. von S.[chad]«. Nach Schenk (Anm. 200, S. 468) handelt es sich bei dem Autor um Joseph Wilhelm von Schaden (vgl. III.2).
[13] OeWA; zit. nach Schiedermair, S. 92, Anm. 8.
[14] 1786 schreibt Carl Ludwig Junker über ihn: *Er scheint ein Freund von Pracht zu seyn. Er hat seine eigene Schneider zu Paris und an anderen Orten, die ihn mit den neuesten Moden versehen. Seine Garderobe ist voll gefüllt, aber nichts als ein Putzkabinett, denn seine meisten Kleider, auch die neuen, die er immer aus Frankreich erhält, sollen ihm zu enge seyn. So besitzt er außer Malereyen, auch eine ausgesuchte Sammlung von Kupferstichen und eine sehr zahlreiche, ausgesuchte Bibliothek. Er hat für Litteratur und Kunst sehr viel gethan, aber er besitzt auch selbst Geschmack und Kenntnisse* (zit. nach Volker von Volckamer: Aus dem Land der Grafen und Fürsten zu Oettingen. Wallerstein 1995, S. 139).
[15] Friedrich Zoepfl: Alte Oettingische Bucheinbände und Bücherzeichen in der Fürst-

lichen Bibliothek zu Maihingen, in: Sankt Wiborada 3 (1936), S. 76. Kraft Ernsts Bibliothek zählte damals insgesamt etwa 8.000 bis 10.000 Bände.

[16] Schreibfehler dieser Art haben sich wohl bei der (posthumen) Drucklegung der Memoiren eingeschlichen.

KAPITEL II.2

[17] *Siebentes Liebhaber Concert, den 2. März 1786. Erste Abtheilung. 1.) Eine Synfonie von Carl Stamiz. 2.) Eine Aria von Feldmayer. 3.) Ein Klavier Concert, gesetzt von Herrn Hauptmann Becké, gespielt von der Frau v. Schaden. Zwote Abtheilung. 4.) Ein Fagot Concert gesetzt von Rosetti, gespielt von Hoppius. 5.) Ein Waldhorn Concert, gesetzt von Fiala, gespielt von Huwetsch. 6.) Eine Synfonie von Hayden.*
Zwölftes Liebhaber Concert, den 20. April. 1786. Erste Abtheilung. 1.) Eine Synfonie von Rosetti. 2.) Eine deutsche Cantata, Montan und Lagage, in Musik gesetzt von Herrn Hauptmann Beecké, gesungen von der Mlle Carnoli. 3.) Ein Flauten Concert. Zwote Abtheilung. 4.) Eine Aria von Sachini, gesungen von der Mlle Carnoli. 5.) Ein Duetto von Guilhemi, gesungen von der Mlle Carnoli und Feldmayer. 6.) Eine Synfonie von Hayden (OeWA).

[18] Heinrich Christoph Koch, Musikalisches Lexikon. Frankfurt/Main 1802, S. 238.

[19] Bis 1785 und spätestens ab 1790 zählte die Kapelle mindestens zwei Cellisten.

[20] auch Geiger und Flötist.

[21] auch Bratscher und Trompeter.

[22] auch Fagottist.

[23] auch Kapellmeister und Kontrabassist.

[24] *und 2 Malter Getreÿd.*

[25] auch Klarinettist.

[26] auch Klarinettist.

[27] *und 6 Malter Getreÿd (55 fl); verdient fl 400 baar mithin.*

[28] Alois Ernst.

[29] *Tisch und Wein (150 fl); verdient 400 fl.*

[30] Kalkant = Blasebalgtreter (Orgel).

[31] *verdienen einige Entschädigung ihres verlohrene Logis und Holz.*

[32] wie Anm. 31.

[33] wie Anm. 31.

[34] auch dritter Hornist.

[35] *täglich 1 Maaß Wein, 2 Malter getrayd, 6 Clafter Holz, 200 Wellen (106 fl).*

[36] auch Trompeter.

[37] Eine Ausnahme bildet Joseph Reicha, der zuletzt 750 Gulden bezog (vgl. S. 52).

[38] Einschließlich aller Nebeneinkünfte und sonstiger Zuwendungen kam er in Ludwigslust sogar auf das 7½-fache seines Wallersteiner Einkommens (vgl. Dokument 126).

[39] auch Geiger und Flötist.

[40] auch dritter Hornist.

[41] und Chorregent.

[42] Der Geiger Höfler etwa war Hofkonditor, der Bratscher Bezler Hofschreiber und Lehrer an der Elementarschule.

KAPITEL II.3

[43] vgl. S. 35.

[44] Beeckes Adelsprädikat ist nirgends belegt.

[45] Ein Präsenzmeister überwachte die Präsenzpflicht der Stiftsherren (im Stift) und zahlte ihnen die Präsenzgelder aus.

[46] Johann Christian Bachs (1735-1782) Oper »Temistocle« wurde 1772 in Mannheim in Anwesenheit des Komponisten uraufgeführt.

[47] Franziska Dorothea Danzi (1756-1791), Schwester des Komponisten Franz Danzi, später Ehefrau des Oboisten Ludwig Lebrun (Anm. 139), und Barbara Strasser (* 1758), beides Mannheimer Hofsängerinnen.

[48] Felice Alessandri (1747-1798), italienischer Komponist und Dirigent; 1789-1792 Kapellmeister an der Berliner Hofoper.

[49] Der musikliebende Münchner Gastwirt Franz Joseph Albert (1728-1789), bei dem u.a. die Mozarts abzusteigen pflegten, besaß ein Instrument des Augsburger Klavierbauers und Beecke-Freundes Johann Andreas Stein (1728-1792).

[50] Friedrich Munter: Ignaz von Beecke und seine Instrumentalkompositionen. Diss. München 1921, S. 60.

[51] (1760-1818), Geiger in der Wallersteiner Hofkapelle und nach Beeckes Tod Direktor der Hofmusik.

[52] OeWA; zit. nach Schiedermair, S. 101.

[53] Ignaz von Beecke an Fürst Kraft Ernst, Wien 26. Mai 1780 (OeWA; zit. nach Schiedermair, S. 108, Anm. 9).

[54] Wallersteiner »Sterb-Register« 1750-1805 (Kath. Pfarramt Wallerstein). Beeckes Alter ist falsch angegeben: Er starb 69jährig.

KAPITEL II.4

[55] Der einzige Beleg für den mutmaßlichen Geburtsort ist der Eintrag im Wallersteiner Trauungsregister vom 28. Januar 1777 (Dokument 99), das wahrscheinliche Geburtsjahr entnehmen wir dem Eintrag im Toten-Register der Gemeinde Ludwigslust (S. 48). Die von den frühen Lexikographen überlieferten biographischen Details bis 1773 sind nicht belegt.

[56] Joseph Fiala (II.5).

[57] Mitglied der Ansbacher Hofkapelle.

[58] Schubart hielt Rosetti offensichtlich für einen Italiener (vgl. auch Dokument 111).

[59] Es folgen die ersten drei Takte »Violino primo« aus dem Requiem von 1776.

[60] »Registrator« der Prämonstratenserabtei Schussenried.

[61] Katholisches Pfarramt Wallerstein: Trauungsregister 1750-1806.

[62] C-Dur (Murray A1), Es-Dur (A29) und F-Dur (A32).

[63] Die Kapelle des Prinzen Jules de Rohan-Guémenée bestand bis 1783. Ihr gehörte u.a. auch Johann Türrschmidts Sohn Karl als Hornist an (vgl. Anm. 3 und Kapitel II.7).

[64] 1725 von Anne Danican Philidor gegründetes, erstes ständiges Konzertunternehmen in Paris mit eigenem Orchester und Chor. Die Konzerte in der Salle des Suisses in den Tuilerien, die bis 1790 stattfanden, wurden im Lauf der Jahre zu einer nationalen musikalischen Einrichtung.

[65] 1769 gegründetes und anfangs von Gossec (Anm. 68) geleitetes Konzertunternehmen, dessen Orchester einen besonderen Ruf genoß. Die Konzerte fanden im Hôtel de Soubise statt. 1782 trat an seine Stelle das »Concert de la Loge Olympique«, das seine Konzerte infolge wachsenden Erfolges schon bald in der Salle des Gardes in den Tuilerien geben konnte.

[66] Josephus Andreas Fodor (1751-1828), holländischer Violinvirtuose und Komponist.

Die OeWB enthält ein Violinkonzert Fodors (Ms., ca. 1780; III 4 ½ 2° 1118), das Rosetti möglicherweise aus Paris mitbrachte.

[67] Die Sinfonien Opus 3 (Murray A6, A12, A17, A19, A23, A45).

[68] François-Joseph Gossec (1734-1829), französischer Komponist belgischer Herkunft.

[69] Der Komponist Carl Ditters von Dittersdorf (1739-1799) stand in der zweiten Hälfte der 1750er Jahre zusammen mit Beecke in Diensten des Generalfeldzeugmeisters Prinz Josef von Hildburghausen.

[70] Nach Kaul vermutlich eine der beiden Sinfonien, die Rosetti nach seiner Rückkehr aus Paris für die Concerts Spirituels schrieb (wohl B-Dur Murray A43).

[71] Um welchen Konzertsaal es sich handelte, ist nicht bekannt.

[72] Ignaz Fränzl (1736-1811), Violinvirtuose, Konzertmeister der Mannheimer Hofkapelle.

[73] Ferdinand Fränzl (1770-1833), Violinvirtuose, später Musikdirektor der Deutschen Oper in München.

[74] Anton Schwarz (* 1753), Mitglied der Münchner und vorher der Mannheimer Hofkapelle.

[75] Joseph Reicha (II.5).

[76] Maria Johanna Brochard (* 1775), 1783 Kostzögling Leopold Mozarts in Salzburg, 1790 Mitglied der Münchner Hofbühne.

[77] Klavierkonzert A-Dur KV 414.

[78] C-Dur (Murray A9), Es-Dur (A28), G-Dur (A40).

[79] Giovanni Punto, eig. Jan Václav Stich (1746-1803), böhmischer Hornvirtuose.

[80] Fürstbischöflich *Fuld[a]ischer Hofwalthornist.*

[81] H. C. Robbins Landon et al. (Hrsg.): The Mozart companion. London 1956, S. 277.

[82] Ab 1768 auch Fürstbischof von Augsburg.

[83] Die »Hanover Square Rooms« befanden sich an der Ecke zur Hanover Street (links im Hintergrund).

[84] Ignaz Joseph Pleyel (1757-1831), Komponist, Verleger und Klavierfabrikant.

[85] Adalbert Gyrowetz (1763-1850), böhmischer Komponist und Dirigent.

[86] Carl Stamitz (1745-1801), Komponist, Geiger und Dirigent.

[87] Muzio Clementi (1752-1832), italienischer Pianist, Komponist und Dirigent.

[88] Johann Christian Bach (1735-1782), Komponist, jüngster Sohn Johann Sebastian Bachs, lebte seit 1762 in London.

[89] Die 1765-1782 von Johann Christian Bach und Carl Friedrich Abel (1723-1787) veranstalteten »Bach-Abel Concerts« brachten in großem Stil neue Musik aus Frankreich, Deutschland und Italien nach England.

[90] 1783 von Berufsmusikern (u.a. Clementi, Salomon) ohne die finanzielle Unterstützung wohlhabender »Amateure« (Name) gegründetes Konzertunternehmen. Die »Professional Concerts«, deren Programme dem Vorbild der »Bach-Abel Concerts« verpflichtet waren, wurden 1793 eingestellt.

[91] Unter den Solisten waren die englische Sopranistin Nancy Storace (1765-1817), Mozarts erste »Susanna« (»Le Nozze di Figaro«), die Harfenistin Anne-Marie Krumpholtz (1755 - nach 1824) und der böhmische Pianist und Komponist Dussek, der den Klavierpart seines Doppelkonzerts spielte (Quelle: Carl Ferdinand Pohl: Mozart und Haydn in London. Bd. 2. Wien 1867, S. 119).

[92] Der mit Rosetti befreundete Johann Joseph Strohbach (1731-1794) war Chorregent an mehreren Prager Kirchen (seit 1775 an St. Niklas) und Musikdirektor des 1783 eröffneten Prager Nationaltheaters.

[93] Für die befreundete böhmische Sopranistin Josepha Duschek (1754-1824) hatte Mozart einige Konzertarien komponiert (KV 272, KV 528).

[94] Bei der Vermählung der Tochter König Friedrich Wilhelms II., Prinzessin Friederike, mit dem Herzog von York im September 1791 war ebenfalls Musik von Rosetti erklungen: *Berlin, den 29. Sept. als am Vermählungstage der Prinzessin Friederike mit dem Herzoge von York, war bei Hofe weiter nichts Musikalisches als eine Musik von acht blasenden Instrumenten aus dem Königlichen Orchester, während der Abendtafel. – Eine neueingeführte Anwendung des Königl. Orchesters. – Es wurden zwei Parthien für 2 Clarinetten, 2 Hoboen, 2 Waldhörner und 2 Fagotten von Rosetti, und einige für diese Instrumente arangirte Operettenarien geblasen. Indess ging diese Musik beim Geräusch der Tafelbedienung und der grossen Menge von Menschen, die hineingelassen wurden, den Hof speisen zu sehen, fast ganz verloren.* (Musikalisches Wochenblatt 1791, S. 6).

[95] Heinrich Julius Tode (1733-1797), Schweriner Superintendent und Hofprediger.

[96] Auch der Text zu »Jesus in Gethsemane« stammt von Tode.

[97] Ernst Ludwig Gerber spricht von einem *bösartigen Husten*, der ihn jahrelang quälte, und erwähnt ein *Hämorrhoidal-Leiden* (Neues historisch-biographisches Lexikon der Tonkünstler. 3. Teil. Leipzig 1813, Sp. 921).

KAPITEL II.5

[98] Franz Xaver Nemecek: Über den Zustand der Musik in Böhmen, in: Allgemeine musikalische Zeitung 2 (1800), Sp. 488; zu den Ursachen dieses Phänomens vgl. u.a. Sterling E. Murray: Czech population of the Oettingen-Wallerstein Kapelle, in: Kosmas 7 (1988) No. 1/2, S. 51-69.

[99] Netolitzky.

[100] Franz Fiala (* 1782) gehörte 1798-1813 zusammen mit seinem Vater der Hofkapelle des Fürsten von Fürstenberg an, später war er Bratscher in Karlsruhe.

[101] Encyclopädie der gesammten musikalischen Wissenschaften. Bd 7. Stuttgart 1842, Anhang S. 21.

[102] Zu seinen Schülern zählte auch Fialas späterer Wallersteiner Kollege Joseph Reicha.

[103] Möglicherweise verbrachte Fiala vor seiner Ankunft in Wallerstein einige Zeit in Wien, um bei Johann Baptist Vanhal (1739-1813) zu studieren: Der Pariser Neudruck (Heina 1780) seiner sechs Quartette Opus 1 bezeichnet ihn jedenfalls als *Eleve de Wannhall*; ein solcher Studienaufenthalt könnte nur vor seinem Wallersteiner Engagement stattgefunden haben, da seine spätere Biographie lückenlos dokumentiert ist.

[104] Zum Münchner Gastwirt Franz Joseph Albert vgl. Anm. 49.

[105] Gemeint ist wahrscheinlich »aufwarten«.

[106] Scherzhaft für »Akademie«, d.h. Konzert.

[107] Hier irrt Leopold Mozart offensichtlich: Kraft Ernsts zweite Eheschließung fand erst 1789 statt; ein Besuch Fialas in Wallerstein ist nicht belegt.

[108] Alexandre-Etienne Choron; François-Joseph Fayolle: Dictionnaire historique des musiciens. Bd. 1. Paris 1810, S. 225.

[109] In der ersten Auflage seines Lexikons hatte Gerber Fiala als *Cammermusikus des Fürst Bischofs von Salzburg, ein berühmter Hoboist und gefälliger Komponist* bezeichnet (Teil 1. Leipzig 1790, Sp. 408).

[110] Reicha heiratete 1779 in Wallerstein Lucie Certelet aus Metz; die Ehe blieb kinderlos.

[111] Ernst Ludwig Gerber: Historisch-biographisches Lexicon der Tonkünstler. Teil 2. Leipzig 1792, Sp. 250.

[112] Musikalische Monathsschrift Juli 1792, S. 56.

[113] die allesamt in der OeWB aufbewahrt werden.

[114] Nicht mehr identifizierbar.

[115] Deutsche Chronik 1775, S. 598.

[116] Rosettis Verzeichnis des Kapellpersonals von 1785 (S. 27).

[117] Intelligenzblatt zur Allgemeinen Musikalischen Zeitung 14 (1812) VIII, S. 34.

[118] Die Sängerin Anna Maria Tauber war 1777-1778 Mitglied der Hofkapelle des Fürsten Esterházy.

[119] Johann Baptist Krumpholtz (1745-1790), böhmischer Harfenvirtuose und Komponist.

[120] Hieronymus Graf Colloredo (1732-1812).

[121] Leopold Mozart spielt hier wohl auf Wolfgangs Aufenthalt in Hohenaltheim Ende Oktober 1777 an (III.1). Vater Mozart sah in Ignaz von Beecke einen gefährlichen Rivalen seines Sohnes, dem er stets mit Argwohn begegnete und unterstellte, Wolfgang schaden zu wollen; das Verhältnis der beiden »Rivalen« zueinander scheint aber keineswegs so schlecht gewesen zu sein (vgl. auch S. 33/34).

[122] Sonate KV 309/284b.

[123] Klaviertrio KV 254.

[124] Antonio Lolli (um 1730 - 1802), italienischer Geiger, 1758-1774 Konzertmeister der Stuttgarter Hofkapelle; nach zeitgenössischen Berichten ein Virtuose von eminenter Technik, aber nicht frei von Exzentrizität.

[125] Wahrscheinlich eines der Duette, die Reicha für gemeinsame Konzertauftritte geschrieben hatte (vgl. Dokument 174).

[126] Wahrscheinlich eines seiner Cellokonzerte Opus 2.

[127] Johann Michael Haydn (1737-1806), jüngerer Bruder Joseph Haydns, »Hofmusicus und Concertmeister« des Salzburger Erzbischofs; als Komponist zu seiner Zeit von großem Einfluß, v.a. auf Komponisten des »Zweiten Gliedes«.

[128] Nachweisbar 1750-1787, u.a. als »Hofgeigenmacher« in Bonn und am kurtrierischen Hof in Koblenz-Ehrenbreitstein.

KAPITEL II.6

[129] Hinzuzurechnen ist noch Johann Nepomuk Hiebesch (Anhang 2), von dem in der OeWB fünf Harmoniemusiken erhalten sind.

[130] Feldmayrs Werke blieben mit Ausnahme des *Concerto pour Flute Principale avec accompagnement de plusieurs instrumens Oeuvre 1er* (Offenbach: André 1800) ungedruckt.

[131] Etwa die Hälfte der in der OeWB erhaltenen Harmoniemusiken stammen von Feldmayr, Winneberger und Witt.

[132] OeWA; zit. nach Schiedermair, S. 97.

[133] wie Anm. 132.

[134] Encyclopädie der gesammten musikal. Wissenschaften. Bd. 2. Stuttgart 1835, S. 673.

[135] wie Anm. 134.

[136] Der letzte Beleg ist ein Bettelbrief an Herzog Friedrich Franz I. von Mecklenburg-Schwerin vom Januar 1831.

[137] *[Winneberger] hat viele Jahre hindurch dem Unterricht der Jugend, die mit und ohne Talent oft um der Mode willen sich in der Musik übt, Nachdenken, Zeit und Kräfte und selbst Neigung gewidmet* (Allgemeine musikalische Zeitung 25. 1823, Sp. 62).

[138] Während der 1790er Jahre Oboist in der Wallersteiner Kapelle (Anhang 2).

[139] Ludwig August Lebrun (1752-1790), gefeierter Oboenvirtuose und Komponist.

[140] Rosetti hatte Wallerstein bereits verlassen, als Witt in die Kapelle eintrat.

[141] »Die Auferstehung Jesu«. Widmungsträger sind König Friedrich Wilhelm II. von Preußen und Herzog Friedrich Franz I. von Mecklenburg-Schwerin.

[142] Vgl. Anhang 2. Nicht zu verwechseln mit seinem Namensvetter, dem böhmischen Klarinettenvirtuosen Joseph Beer (1744-1812).

[143] Gemeint ist der Namensvetter (Anm. 142).

[144] Johann Türrschmidts Sohn (Anm. 3), zu der Zeit zweiter Hornist in der Hofkapelle König Friedrich Wilhelms II. von Preußen.

[145] Paul Wranitzky (1756-1808), mährischer Komponist und Geiger.

[146] Adalbert Gyrowetz (1763-1850), böhmischer Komponist.

KAPITEL II.7

[147] Das Es-Dur-Konzert Murray C49 widmete Rosetti einem *Monsieur Dürrschmied*. Entgegen der älteren Forschung, die den Widmungsträger in Karl Türrschmidt sah, kommt dafür (nach Piersol) eigentlich nur sein Vater Johann in Betracht, da er anders als sein Sohn, der während seiner gesamten Karriere das zweite Horn blies, als »Primario«-Spieler die hier geforderte hohe Lage beherrschte.

[148] Die Wallersteiner Harmoniemusik erfordert bis zu drei Hornisten, eine Besetzung, die auch die Solohornkonzerte verlangen, bei Doppelhornkonzerten sind vier Hornspieler obligatorisch.

[149] Ernst Ludwig Gerber: Neues historisch-biographisches Lexikon der Tonkünstler. Teil 4. Leipzig 1814, Sp. 402; Encyclopädie der gesammten musikalischen Wissenschaften. Bd. 6. Stuttgart 1838, S. 713.

[150] Karl Türrschmidt erwarb sich auch Verdienste um die technische Weiterentwicklung des Horns.

[151] Zu Lolli vgl. Anm. 124.

[152] Neffe Friedrichs des Großen; als Friedrich Wilhelm II. 1786-1797 König von Preußen.

[153] Der »Hochgräflich Fuggersche Conzertsaal« an der Maximilianstraße.

[154] Encyclopädie der gesammten musikal. Wissenschaften. Bd. 5. Stuttgart 1837, S. 176.

[155] Gerber (Anm. 149). Teil 3. Leipzig 1813, Sp. 591.

[156] Zu ihren Schülern zählte auch Giovanni Punto (Anm. 79).

[157] Gemeint ist Johann Nagel, der Sohn des 1802 verstorbenen Joseph Nagel.

[158] In den 1830er Jahren Hornist an der Pariser Opéra Comique.

KAPITEL II.8

[159] Die Fürstliche Bibliothek wurde erst 1841 im ehemaligen Minoritenkloster Maihingen als einheitlicher Komplex aufgestellt. Seit 1949 war sie auf Schloß Harburg untergebracht, ehe sie 1980 ihre Heimstatt in Augsburg fand.

[160] Ein kleinerer Teil der Musikalien (ca. 180 Handschriften und Drucke) war ursprünglich Eigentum einiger bayerisch-schwäbischer Klöster (Donauwörth: Hl. Kreuz; Füssen: St. Mang; sowie Kirchheim/Ries, Maihingen und Mönchsdeggingen) und gelangte erst nach der Säkularisation in fürstlichen Besitz. Auch im 19. Jahrhundert wurden die Bestände unter dem Leiter der fürstlichen Sammlungen Wilhelm Löffelholz von Kolberg (1809-1891) noch in gewissem Umfang vermehrt.

[161] Rund ein Viertel der Manuskripte sind Kompositionen der Hofmusiker.

[162] Franz Bernhard Ritter von Kees (1720-1795), kaiserlicher Hofrat in Wien, Besitzer einer bedeutenden Musikaliensammlung, die an Haydn-Sinfonien besonders reich war.

[163] Joseph und Michael Haydn.

[164] Leopold Anton Koželuch (1747-1818), böhmischer Komponist.

[165] Giuseppe Bonno (1711-1788), italienischer Komponist, Kapellmeister der kaiserlichen Hofkapelle in Wien.

[166] Johann Georg Albrechtsberger (1736-1809), Komponist und Musiktheoretiker.

[167] Georg Reutter d.J. (1708-1772), Organist und Komponist.

[168] Kraft Ernst meint wohl den Komponisten Johann Gottlieb Graun (1702/03-1771).

[169] (1738-1793), österreichischer Komponist.

KAPITEL III

[170] Vierter im Bunde war der Oboist Friedrich Ramm (um 1744 - 1813).

[171] Die »Ilia« der Münchner Uraufführung von Mozarts »Idomeneo« (1781).

[172] Ab 1788 Konzertmeister der Münchner Hofkapelle.

[173] Ab 1789 Hofmusikintendant des Fürsten von Fürstenberg in Donaueschingen.

KAPITEL III.1

[174] Fürstin Cornelia Barberini-Colonna.

[175] Prinz Xaver Friedrich August von Sachsen (1730-1806), Bruder des sächsischen Kurfürsten.

[176] Charles Edward Stuart (1720-1788), der in Rom im Exil lebte.

[177] Lazaro Opazio Pallavicini (1719-1785), päpstlicher Kardinal-Staatssekretär.

[178] Joseph Myslivecek (1737-1781), böhmischer Komponist, der vor allem in Italien erfolgreich war (»Il divino boemo«).

[179] Schloß Trugenhofen bei Dischingen.

[180] Maria Anna Thekla Mozart (1758-1841), das »Bäsle«, Tochter von Franz Alois Mozart.

[181] Coelestin II. Angelsprugger (1726-1783), Abt der Zisterzienser-Reichsabtei Kaisheim.

[182] Carl Anselm von Thurn und Taxis (1733-1805).

[183] Karte, auf der die Poststationen eingezeichnet sind.

[184] Wahrscheinlich das Oboenkonzert C-Dur KV 314.

[185] Der aus Salzburg stammende Oboist Johann Markus Berwein, 1777-1781 Mitglied der Wallersteiner Hofkapelle, war mit den Mozarts gut bekannt.

[186] Valentin Alois Gasser, ein Bekannter von Vater Mozart, brachte die bei Lotter gedruckte »Violinschule« Leopolds auf der Frankfurter Messe zum Verkauf.

[187] vgl. Anm. 180.

[188] Der Augsburger Klavierbauer Johann Andreas Stein (1728-1792).

[189] Pater Philipp Gerbl (1719-1803), Domkapellmeister in Augsburg.

[190] Johann Adam Joseph Schmidbaur († 1786).

[191] Anton Willibald Graf von Waldburg zu Wolfegg und Waldsee (1729-1821), Hofkammerpräsident des Salzburger Erzbischofs Graf Colloredo.

[192] soll heißen »in den Sack schiebe«.

[193] Prinzessin Friederike (* 3. März 1776 Wallerstein, † 17. Juli 1831), nach deren Geburt Kraft Ernsts erste Gemahlin gestorben war.

[194] Die Sonaten KV 281 und 284.

[195] Im »Pfälzer Hof« logierten die Mozarts von Oktober bis Dezember 1777.

[196] Anm. 180.

[197] Janitsch und Reicha.

[198] Maria Anna (Nannerl) Mozart war eine fähige Pianistin.

Kapitel III.2

[199] Beecke hielt sich 1774, 1775, 1776 und 1779 jeweils für mehrere Monate in Wien auf.

[200] Erich Schenk: Beethovens Reisebekanntschaft von 1787: Nanette von Schaden, in: Heinrich Hüschen (Hrsg.): Festschrift Karl Gustav Fellerer zum 60. Geburtstag. Regensburg 1962, S. 471.

[201] In Augsburg besuchte Beethoven auch die Werkstätte des Klavierbauers Johann Andreas Stein, wo er dessen Tochter Nanette (1769-1833), eine begabte Pianistin und erfolgreiche Klavierbauerin, kennenlernte, die 1794 nach der Eheschließung mit Johann Andreas Streicher die väterliche Firma nach Wien verlegte und dort eine enge Freundin Beethovens wurde.

[202] Spätere Kontakte zwischen Beethoven und dem Ehepaar von Schaden sind nicht belegt.

[203] vgl. S. 25 und Anm. 17.

Kapitel III.3

[204] Werbebriefe dieser Art versandte der Meister auch an andere Musikliebhaber. Am selben Tag erging z.B. an Johann Caspar Lavater in Zürich ein nahezu inhaltsgleiches Schreiben.

[205] vgl. Anm. 65.

[206] König Ferdinand IV. von Neapel (1751-1825).

[207] Dies ist eine Ausrede; seit »Armida« (1784) hatte er für den Fürsten Nikolaus Joseph Esterházy (1714-1790) keine Oper mehr geschrieben.

[208] Es handelt sich um »Il ritorno di Tobia« (1774-1775). Die von Haydn übersandte Partitur befindet sich noch heute in der OeWB (Dokument 289).

[209] Gemeint sind die Feierlichkeiten anläßlich der Hochzeit Fürst Kraft Ernsts mit Wilhelmine Friederike von Württemberg am 20. Oktober 1789; die Menuette gelten als verloren.

[210] vgl. Anm. 162.

[211] Kraft Ernsts jüngerer Bruder Graf Philipp Karl Joseph (1759-1826) machte am Wiener Hof Karriere: 1785 kaiserlicher Geheimrat und Reichshofrat, 1790 Kammergerichtspräsident, 1801 Reichshofratspräsident, 1809 oberster Justizpräsident, 1817 Staats- und Konferenzminister, 1819 Obersthofmarschall.

[212] Philipp Karl Joseph (Anm. 211).

[213] Marianne von Genzinger (1750-1793) war eine enge Freundin Haydns.

[214] (1731-1798), Komponist und seit 1774 Konzertdirektor der Mannheimer und später Münchner Hofkapelle.

[215] Landon, Howard Chandler Robbins: Haydn, chronicle and works. Bd. 2. London 1976, S. 754 f.

[216] Dominicus Mettenleiter: Die fürstlich Oettingen Wallerstein'sche Hofkapelle, in: Orlando di Lasso. Registratur für die Geschichte der Musik in Bayern. H. 1. Brixen 1868, S. 33.

[217] Haydns Wallerstein-Aufenthalt vom Dezember 1790 blieb sein einziger. Zur Komposition einer zweiten Serie von Sinfonien für den Fürsten ist es nicht gekommen.

Kapitel IV

[218] In diesen wirren Zeiten erwog der Fürst sogar, nach Nordamerika auszuwandern.

[219] OeWA; zit. nach Schiedermair, S. 114.

[220] Anton Michael Cattenatti.

[221] Johann Nepomuk Hiebesch.

[222] Johann Baptist Bezler war Bratscher, Trompeter und Baß-Solist, hatte den Waller-steiner Hof aber wahrscheinlich schon um 1808 verlassen.

[223] und Fagottist.

[224] Kaspar Wolf war auch Flötist, Oboist und Kalkant.

[225] gemeint ist wohl sein Sohn Jakob.

[226] OeWA; zit. nach Schiedermair, S. 114.

[227] OeWA; zit. nach Schiedermair, S. 115.

[228] OeWA; zit. nach Schiedermair, S. 115.

[229] 1820-1841 war er dann Kapellmeister des Landgrafen von Hessen.

[230] OeWA; zit. nach Schiedermair, S. 116.

[231] Antonio Sacchini (1730-1786), italienischer Komponist.

[232] wahrscheinlich Anton Reicha (vgl. II.5).

[233] Vincenzo Righini (1756-1812), italienischer Komponist und Dirigent.

[234] Beecke.

[235] OeWA; zit. nach Schiedermair, S. 118.

ANHANG

[236] Anfangs wurde die Kapelle wahrscheinlich zunächst von Pokorný und dann von Beecke geleitet.

[237] Auch Mitglied der Streichersektion der Kapelle.

[238] Aufgenommen sind alle (nachweisbaren) Instrumentalisten, denen ein Instrument zugeordnet werden kann. Die Angaben basieren großenteils auf Jon R. Piersol: The Oettingen-Wallerstein Hofkapelle and its wind music. Diss. Univ. of Iowa 1972.

[239] = Generation.

[240] Wurde auch als Paukist eingesetzt.

[241] Auch Cellist und Gambist.

[242] Die Aufstellung ist vermutlich ziemlich lückenhaft.

[243] Rosettis Personalverzeichnis von 1785 (S. 27).

[244] OeWA; zit nach Schiedermair, S. 104.

[245] Sp. 53.

[246] Investigations into the symphony of the Haydn-Mozart era, in: Miscellanea musico-logica 2 (1967), S. 86.

[247] Mappa Geographica Comitatvs Oettingensis. Delineante M.F.C. & edentibus Ho-mannianis Heredibus Norimb. 1744. Kupferstich. Maßstab: ca. 1:100.000 (OeWB).

[248] Philipp Ludwig Hermann Röder: Geographisches statistisch-topographisches Lexi-kon von Schwaben. 2. Aufl. 2 Bde. Ulm 1800-1801 [Stichworte: Hohenaltheim, Oet-tingen, Wallerstein].

Abkürzungen

Abb. Abbildung

Anm. Anmerkung(en)

Aufl. Auflage

Bartha Dénes Bartha (Hrsg.): Joseph Haydn, Gesammelte Briefe und Aufzeichnungen. Kassel 1965

Bauer Wilhelm A. Bauer et al. (Hrsg.): Wolfgang Amadeus Mozart, Briefe und Aufzeichnungen. 7 Bde. Kassel 1962-1975

Bd. Band

Deutsch Otto Erich Deutsch (Hrsg.): Mozart - Die Dokumente seines Lebens. Kassel 1961

Diemand Anton Diemand: Josef Haydn und der Wallersteiner Hof, in: Zeitschrift des Historischen Vereins für Schwaben und Neuburg 45 (1920/22), S. 1-40

ebd. ebendort

fl. Gulden

Hrsg. Herausgeber

ISM Internationale Stiftung Mozarteum

Jh. Jahrhundert

Kaul Oskar Kaul (Hrsg.): Anton Rosetti, Ausgewählte Sinfonien. Leipzig 1912 (Denkmäler der Tonkunst in Bayern Bd. 12/1) [ND Wiesbaden 1968]

Ms. Manuskript

Murray Sterling E. Murray: The music of Antonio Rosetti. A thematic catalogue. Warren, Mich. 1996

ND Nachdruck, Neudruck

OeWA Fürstlich Oettingen-Wallersteinsches Archiv Schloß Harburg

OeWB Oettingen-Wallersteinsche Bibliothek der Universitätsbibliothek Augsburg

OeWS Fürstlich Oettingen-Wallersteinsche Sammlungen

Schiedermair Ludwig Schiedermair: Die Blütezeit der Oettingen-Wallersteinschen Hofkapelle, in: Sammelbände der Internationalen Musikgesellschaft 9 (1907/08), S. 83-130

vgl. vergleiche

Vol. Volume

zit. zitiert

BIBLIOGRAPHIE

BÜCHER

BARBOUR, James Murray: Trumpets, horns and music. East Lansing 1964

BARFORD, David C.: The horn concertos of Antonio Rosetti. Diss. Univ. of Illinois 1980

BERETHS, Gustav: Die Musikpflege am kurtrierischen Hofe zu Koblenz-Ehrenbreitstein. Mainz 1964 [Register: Beckée, Janitsch, Niesle, Rosetti, Tiefenbrunner]

BÜCKEN, Ernst: Anton Reicha. Sein Leben und seine Kompositionen. Diss. München 1912

FITZPATRICK, Horace: The horn and horn-playing and the Austro-Bohemian tradition from 1680 to 1830. London 1970

HABERKAMP, Gertraut: Die Musikhandschriften der Fürst-Thurn-und-Taxis-Hofbibliothek Regensburg. München 1981

DIES.: Thematischer Katalog der Musikhandschriften der Fürstlich Oettingen-Wallerstein'schen Bibliothek Schloß Harburg. München 1976

HAYDN, Joseph: Gesammelte Briefe und Aufzeichnungen. Unter Benützung der Quellensammlung von H. C. Robbins Landon hrsg. und erläutert von Dénes Bartha. Kassel 1965 [Register: Oettingen-Wallerstein, Wallerstein]

HELLYER, Roger: Harmoniemusik. Music for small windband in the late 18th and early 19th centuries. Diss. Oxford 1973

HOFER, Achim: Blasmusikforschung. Eine kritische Einführung. Darmstadt 1992

KADE, Otto: Die Musikalien-Sammlung des Großherzoglich Mecklenburg-Schweriner Fürstenhauses aus den letzten zwei Jahrhunderten. 2 Bde. Schwerin 1893-1899 [Beecke, Fiala, Reicha, Rosetti, Winneberger, Witt]

KAUL, Oskar: Geschichte der Würzburger Hofmusik im 18. Jahrhundert. Würzburg 1924 [Witt]

DERS.: Musica Herbipolensis: Aus Würzburgs musikalischer Vergangenheit. Marktbreit 1980 [Witt]

DERS.: Thematisches Verzeichnis der Instrumentalwerke von Anton Rosetti. Mit Angabe der Druckausgaben und der Fundorte erhaltener Exemplare in Druck und Handschrift. Wiesbaden 1968

DERS.: Die Vokalwerke Anton Rosettis. Diss. München 1911

KAVASCH, Wulf-D. (Hrsg.): Franz Anton Rosetti zum 200. Todestag. Nördlingen 1992

KEARNS, Andrew K.: The eighteenth century orchestral serenade in South Germany. 1993. Diss. Univ. of Illinois 1993

KRUTTGE, Eigel: Geschichte der Burgsteinfurter Hofkapelle 1750-1817. Köln 1973, S. 83-89, 117 [Janitsch]

LANDON, Howard Chandler Robbins: Haydn, chronicle and works. Bd. 2-3. London 1976-1978 [Register: Beecke, Rosetti, Wallerstein]

LITTLE, Fiona: The string quartet at the Oettingen-Wallerstein Court: Ignaz von Beecke and his contemporaries. New York 1989 [Diss. Oxford 1985]

MATTHÄUS, Wolfgang: Johann André, Musikverlag zu Offenbach am Main. Verlagsgeschichte und Bibliographie 1772-1800. Tutzing 1973 [Register: Fiala, Reicha, Rosetti]

MEYER, Clemens: Geschichte der Mecklenburg-Schweriner Hofkapelle. Geschichtliche Darstellung der Mecklenburg-Schweriner Hofkapelle von Anfang des 16. Jahrhunderts bis zur Gegenwart. Schwerin 1913, S. 122-127 [und Register: Beer, Hoppius, Rosetti, Witt]

MOZART, Wolfgang Amadeus: Briefe und Aufzeichnungen. Gesammelt und erläutert von Wilhelm A. Bauer et al. 7 Bde. Kassel 1962-1975 [Register: Beecke, Fiala, Hohenaltheim, Janitsch, Oettingen-Wallerstein, Perwein, Reicha, Rosetti, Wallerstein]

MUNTER, Friedrich: Ignaz von Beecke und seine Instrumentalkompositionen. Diss. München 1921

MURRAY, Sterling E.: Antonio Rosetti and his symphonies. Diss. Univ. of Michigan 1973

DERS.: The music of Antonio Rosetti. A thematic catalogue. Warren, Mich. 1996

PIERSOL, Jon R.: The Oettingen-Wallerstein Hofkapelle and its wind music. Diss. Univ. of Iowa 1972

REINLÄNDER, Claus: Joseph Fiala, Thematisch-systematisches Werkverzeichnis. 2. Aufl. Puchheim 1997

DERS.: Josef Rejcha, Thematisch-systematisches Werkverzeichnis. Puchheim 1992

RHEINFURTH, Hans: Musikverlag Gombart, Basel, Augsburg (1789-1836). Tutzing 1999 [Register: Beecke]

SAHM, Norman Roland: A critical edition of Anton Rosetti's Choral 517. M.A. thesis Univ. of Nevada 1982

SCHECK, Helmut: Musik im Ries: Die Wallersteiner Hofmusik. Nördlingen 1984

DERS., Die Vokalkompositionen von Ignaz von Beecke. Zulassungsarbeit (masch.) Univ. München 1961

SCHMID, Ernst Fritz: Ein schwäbisches Mozart-Buch. Lorch 1948. Nachdr. Augsburg 1998 [Register: Beecke, Berwein, Fiala, Hohenaltheim, Janitsch, Oettingen-Wallerstein, Reicha, Wallerstein]

SCHNEIDER, Hans: Der Musikverleger Heinrich Philipp Boßler 1744-1812. Tutzing 1985 [Register: Beecke, Rosetti]

DERS.: Der Musikverleger Johann Michael Götz (1740-1810) und seine kurfürstlich privilegirte Notenfabrique. Tutzing 1989 [Register: Beecke, Rosetti]

SJOERDSMA, R. D.: The instrumental works of Franz Christoph Neubauer. Diss. Ohio State Univ. 1970

STAEHELIN, Martin: Beethovens Brief an den Frhr. von Schaden von 1787. Bonn 1982

TITUS, Robert A.: The solo music for the clarinet in the 18th century. Diss. Univ. of Iowa 1962

VOLCKAMER, Volker von: Aus dem Land der Grafen und Fürsten zu Oettingen. Wallerstein 1995

WARREN, Charles S.: A study of selected eighteenth-century clarinet concerti. Diss. Brigham Young Univ. 1963 [Rosetti]

WEINBERGER, Friedrich: Die fürstliche Hofkapelle in Wallerstein 1780-1840. Ms. 1844 (OeWA)

AUFSÄTZE

BARBOUR, James Murray: Pokorny und der Schacht-Katalog: Ein Beitrag zur Geschichte der fürstlichen Hofmusik, in: Max Piendl (Hrsg.): Beiträge zur Kunst- und Kulturpflege im Hause Thurn und Taxis. Kallmünz 1963, S. 269-298

DERS.: Pokorny vindicated, in: The musical quarterly 49 (1963), S. 38-58

BECKER, Heinz: Vorwort, in: ders. (Hrsg.): Klarinetten-Konzerte des 18. Jahrhunderts. Wiesbaden 1957, S. VII-XI [Pokorny]

BÖKER-HEIL, N. et al.: Fürstlich Hohenlohe-Langenburgsche Schloßbibliothek: Katalog der Musikhandschriften, in: Fontes artis musicae 25 (1978), S. 295-411

DANCKWARDT, Marianne: Antonio Rosettis Requiem für die Beisetzung der Fürstin Maria-Theresia zu Oettingen-Wallerstein, in: Augsburger Jahrbuch für Musikwissenschaft 4 (1987), S. 139-172

DIES.: Die Klopstock-Lieder Ignaz von Beeckes, in: Gudrun Busch et al. (Hrsg.): Studien zum deutschen weltlichen Kunstlied des 17. und 18. Jahrhunderts. Amsterdam 1992, S. 287-308

DIEMAND, Anton: Josef Haydn und der Wallersteiner Hof, in: Zeitschrift des Historischen Vereins für Schwaben und Neuburg 45 (1920/22), S. 1-40

ERDLE, Hans: Ein begabter Künstler, aber ein schwacher Mensch. Der Pfaffenhofener Komponist Georg Feldmayer am Hof des Fürsten von Oettingen-Wallerstein, in: Unsere Heimat. Historische Blätter für den Landkreis Pfaffenhofen 131 (1990) Nr. 2, S. 5-7

FITZPATRICK, Horace: Antonio Rosetti, in: Music and letters 43 (1962), S. 234-247

GRÜNSTEUDEL, Günther: »... der dort herrschende Ton hat ganz was Originelles«. Zur Geschichte der Wallersteiner Hofkapelle, in: Acta Mozartiana 47 (2000)

DERS.: Die Musiksammlung der Universitätsbibliothek Augsburg, in: Bibliotheksforum Bayern 20 (1992), S. 179-191

HABERKAMP, Gertraut: Die Musikalien, in: Rudolf Frankenberger et al. (Hrsg.): Wertvolle Handschriften und Einbände aus der ehemaligen Oettingen-Wallersteinischen Bibliothek. Wiesbaden 1987, S. 15-19

KAUL, Oskar: Einleitung, in: ders. (Hrsg.): Anton Rosetti, Ausgewählte Sinfonien. Wiesbaden 1968, S. IX-XXXV [Rev. Nachdr. der Ausg. Leipzig 1912]

KLETT, Dieter: Ein Böhme in Ludwigslust. Erkundungen über den Hofkapellmeister Rosetti, in: Stier und Greif 1992, S. 17-22

KLIMA, Stanislav: Rekviem A. Rösslera-Rosettiho, in: Hudebni veda 26 (1989), S. 331-341

KRONE, Olaf: Antonio Rosetti (ca. 1750 - 1792): Neue Aspekte, in: Concerto 134 (1998), S. 18-22

LANDON, Howard Chandler Robbins: The »Jena« symphony, in: Music review 18 (1957), S. 109 ff.

LAYER, Adolf: Johann Zach in Dillingen und Wallerstein, in: Die Musikforschung 11 (1958), S. 83 f.

LUIN, Elisabeth Jeannette: Mozarts Beziehungen zum Hause Öttingen. In: Zeitschrift des Historischen Vereins für Schwaben 62/63 (1962), S. 469-478

MATTHÄUS, Wolfgang: Der Musikverlag von Wolfgang Nicolaus Haueisen zu Frankfurt am Main, 1771-1789, in: Die Musikforschung 22 (1969), S. 424, 442 [Register: Fiala, Rosetti]

METTENLEITER, Dominicus: Die fürstlich Oettingen Wallerstein'sche Hofkapelle, in: Orlando di Lasso. Registratur für die Geschichte der Musik in Bayern. H. 1. Brixen 1868, S. 32-41

MOESUS, Johannes: Kein »musikalischer Luftspringer«: Antonio Rosetti - Haydns berühmter Zeitgenosse, in: Das Orchester 47 (1999), S. 23-30

MÜLLER, Harald: Paralipomena zu Mozarts Tod und Totenfeiern, in: Acta Mozartiana 36 (1989), S. 7-12

MÜNSTER, Robert: Ein böhmischer Komponist in süddeutschen Klöstern, in: Pavel

Polák (Hrsg.): Musik Mitteleuropas in der 2. Hälfte des 18. Jahrhunderts. Bratislava 1993, S. 47-55 [Neubauer]

MUNTER, Friedrich: Ignaz von Beecke (1733-1803) und seine Instrumentalkompositionen, in: Zeitschrift für Musikwissenschaft 4 (1921/22), S. 586-603

MURRAY, Sterling E.: Antonio Rosetti (Anton Rösler). Eine biographische Skizze, in: Kölner Festtage Alte Musik 1996: Antonio Rosetti, 26.-27. Okt. 1996. Köln 1996

DERS.: Antonio Rosettis Oratorium Der sterbende Jesus (1785), in: Musik in Bayern 45 (1992), S. 5-26

DERS.: Bohemian musicians in south German »Hofkapellen« during the late 18th century, in: Hudebni veda 15 (1978), S. 153-173

DERS.: The Czech population of the Oettingen-Wallerstein »Kapelle«: Evidence of cross-cultural influence?, in: Kosmas 7 (1988) No. 1/2, S. 51-69

DERS.: The double horn concerto: A specialty of the Oettingen-Wallerstein court, in: The journal of musicology 4 (1985/86), S. 507-534

DERS.: »Grande partitas with passages and minuets«. Antonio Rosetti and Harmoniemusik in the Oettingen-Wallerstein Hofkapelle, in: Christoph-Hellmut Mahling et al. (Hrsg.): Zur Harmoniemusik und ihrer Geschichte. Mainz 1999, S. 31-72

DERS.: Introduction, in: ders. (Hrsg.): Seven symphonies from the court of Oettingen-Wallerstein 1773-1795. New York 1981, S. XI-XLVII

DERS.: Preface, in: ders. (Hrsg.): Antonio Rosetti, Five wind partitas. Music for the Oettingen-Wallerstein court. Madison 1989, S. VII-XXIII

DERS.: A requiem for Mozart, in: Mozart-Jahrbuch 1991, S. 145-153

DERS.: The Rösler-Rosetti problem: A confusion of pseudonym and mistaken identity, in: Music and letters 57 (1976), S. 130-143

DERS.: Der Stand der Rosetti-Forschung, in: Rieser Kulturtage 9 (1992), S. 392-395

PROD'HOMME, Jacques-Gabriel: From the unpublished autobiography of Antoine Reicha, in: The musical quarterly 22 (1936), S. 340 f., 352 f.

RUPP, Paul Berthold; Gerhard Stumpf; Günther Grünsteudel: Augsburg, Universitätsbibliothek, in: Bernhard Fabian (Hrsg.): Handbuch der historischen Buchbestände in Deutschland. Bd. 11. Hildesheim 1997, S. 92-103

SCHECK, Helmut: Wallerstein und sein Komponist: Vor 200 Jahren starb Antonio Rosetti, in: Unser Bayern 41 (1992) H. 6, S. 43 f.

SCHENK, Erich: Beethovens Reisebekanntschaft von 1787: Nanette von Schaden, in: Heinrich Hüschen (Hrsg.): Festschrift Karl Gustav Fellerer zum 60. Geburtstag. Regensburg 1962, S. 461-473

SCHIEDERMAIR, Ludwig: Die Blütezeit der Oettingen-Wallerstein'schen Hofkapelle. Ein Beitrag zur Geschichte der deutschen Adelskapellen, in: Sammelbände der Internationalen Musikgesellschaft 9 (1907/08), S. 83-130

SCHLICHTEGROLL, Friedrich von: Franziskus Neubauer, in: ders.: Musiker-Nekrologe. Hrsg. von Richard Schaal. Kassel 1954, S. 96-100

SCHMID, Ernst Fritz: Ignaz von Beecke, in: Lebensbilder aus dem bayerischen Schwaben 1 (1952), S. 343-364

STEFAN, Jiri: Rosettiho requiem pri prazske smutecni slavnosti za Mozarta, in: Hudebni veda 28 (1991), S. 334-336

STEGER, Hartmut: Das »Wallersteiner Sextett«. Ein Beitrag zur Musikpflege in Wallerstein im 19. Jahrhundert, in: Rieser Kulturtage 11 (1996), S. 429-436

STEGER, Hartmut; Günther Grünsteudel: Musik vom Dachboden. Dokumente ländlicher Instrumentalmusikpflege des 19. Jahrhunderts in der Universitätsbibliothek Augsburg, in: Unipress Augsburg 1997 Heft 2, S. 44 f.

VOLCKAMER, Volker von: Geschichte des Musikalienbestandes, in: Haberkamp, Gertraut: Thematischer Katalog der Musikhandschriften der Fürstlich Oettingen-Wallerstein-schen Bibliothek Schloß Harburg. München 1976, S. IX-XXXII

WEISSENBERGER, Paulus: Die Pflege der Kirchenmusik, in: ders.: Geschichte der Katholischen Pfarrei Wallerstein. Bd. 2. Wallerstein 1946, S. 34-49, 57-62

ZÁLOHA, Jiri: Über die Herkunft der Musikalien mit der Signatur »C. d'Oetting« in der Schloßmusikaliensammlung in Ceský Krumlov, in: Musikforschung 26 (1973), S. 55-58

LEXIKONARTIKEL

ALLGEMEINE deutsche Biographie. 56 Bde. Leipzig, 1875-1912 [Stichworte: Amon, Destouches, Domnich, Reicha]

BASSO, Alberto (Hrsg.): Dizionario enciclopedico universale della musica e dei musicisti. Le biografie. 9 Bde. Torino 1983-1988 [Stichworte: Amon, Beeke, Destouches, Fiala, Janitsch, Neubauer, Nisle, Pokorný, Reicha, Rössler/Rosetti, Winneberger, Witt]

BLUME, Friedrich (Hrsg.): Die Musik in Geschichte und Gegenwart. 17 Bde. Kassel 1949-1986 [Stichworte: Amon (Suppl.), Beecke, Destouches, Fiala, Neubauer, Nisle, Pokorný, Reicha, Rösler/Rosetti, Wallerstein, Winneberger, Witt]

CHORON, Alexandre-Etienne; Fayolle, François-Joseph-Marie: Dictionnaire historique des musiciens. 2 Bde. Paris 1810/11. Nachdr. Hildesheim 1971 [Stichworte: Beecke, Fiala, Janitsch, Neubauer, Reicha (N), Rosetti]

DLABACZ, Gottfried Johann: Allgemeines historisches Künstler-Lexikon für Böhmen und zum Theil auch für Mähren und Schlesien. 3 Bde. Prag 1815. Nachdr. Hildesheim 1973 [Stichworte: Fiala, Janitsch, Meisrimer/Meisriemle, Nagel, Neubauer, Pokorný, Rosetti, Zwierzina]

EITNER, Robert: Biographisch-bibliographisches Quellenlexikon der Musiker und Musikgelehrten. 10 Bde. Leipzig 1900/04. Nachdr. (2., verb. Aufl.) Graz 1959/60 [Stichworte: Amon, Beecke, Destouches, Domnich, Feldmayer, Fiala, Hutti, Janitsch, Koeber, Neubauer, Nisle, Perwein, Pokorný, Reicha, Rosetti, Schaden, Thürschmidt, Winneberger, Witt]

FÉTIS, François-Joseph: Biographie universelle des musiciens et bibliographie générale de la musique. 2me éd. 10 Bde. Paris 1873-1880. Nachdr. Paris 1972 [Stichworte: Amon, Beecke, Destouches, Feldmayr, Fiala, Janitsch, Neubauer, Nisle, Pokorný, Reicha, Rosetti, Winneberger, Witt]

FINSCHER, Ludwig (Hrsg.): Die Musik in Geschichte und Gegenwart. 2. Aufl. Kassel 1994 ff. [bisher erschienen Stichworte: Amon, Beecke, Oettingen-Wallerstein]

GERBER, Ernst Ludwig: Historisch-biographisches Lexicon der Tonkünstler. 2 Teile. Leipzig 1790-1792. Nachdr. hrsg. von Othmar Wessely: Graz, 1977 [Stichworte: Beecke, Fiala, Janitsch, Nisle, Reicha, Rosetti]

DERS.: Neues historisch-biographisches Lexikon der Tonkünstler. 4 Teile. Leipzig 1812-1814. Nachdr. mit Ergänzungen bis 1834 hrsg. von Othmar Wessely: Graz, 1966/77 [Stichworte: Ammon, Beecke, Destouches, Feldmayr, Fiala, Hutti, Janitsch, Koeber, Lévêque, Neubauer, Nisle, Pokorný, Reicha, Rosetti, Schaden, Winneberger]

GURLITT, Wilibald et al. (Hrsg.): Riemann-Musik-Lexikon. 12. Aufl. Personenteil. 4 Bde. Mainz 1959-1975 [Stichworte: Amon, Beecke, Destouches, Fiala, Janitsch, Neubauer, Pokorný, Rößler/Rosetti, Winneberger, Witt]

Honegger, Marc et al. (Hrsg.): Das große Lexikon der Musik. 10 Bde. Freiburg 1978-1983 [Stichworte: Amon, Beecke, Fiala, Neubauer, Pokorný, Rösler/Rosetti, Witt]

Killy, Walther (Hrsg.): Deutsche biographische Enzyklopädie. München 1995 ff. [Stichworte: Beecke, Destouches, Fiala, Pokorný, Reicha, Rösler/Rosetti]

Lipowsky, Felix Joseph: Baierisches Musik-Lexikon. München 1811. Nachdr. Hildesheim 1982 [Stichworte: Beecke, Carnoli, Destouches, Feldmayr, Fiala, Pokorný, Reicha, Rosetti, Weixelbaum, Weinhöppel, Zwierzina]

Mendel, Hermann (Hrsg.): Musikalisches Conversations-Lexikon, 11 Bde. Berlin 1870-1879 [Stichworte: Amon, Beecke, Destouches, Feldmayer, Fiala, Janitsch, Köber, Lévêque, Neubauer, Pokorný, Reicha, Rosetti, Winneberger, Witt]

Meusel, Johann Georg: Teutsches Künstlerlexikon. 2 Tle. Lemgo 1778. 2., umgearb. Ausg. 1808-1809 [Stichworte: Beeke, Rosetti]

Neue deutsche Biographie. Berlin 1953 ff. [Stichworte: Beecke, Destouches, Fiala, Neubauer]

Sadie, Stanley (Hrsg.): New Grove dictionary of music and musicians. 20 Bde. London 1980 [Stichworte: Amon, Beecke, Destouches, Fiala, Neubauer, Nisle, Oettingen, Pokorný, Reicha, Rosetti, Winneberger, Witt]

Schilling, Gustav (Red.): Encyclopädie der gesammten musikalischen Wissenschaften. 7 Bde. Stuttgart 1835-1842. Nachdr. Hildesheim 1974 [Stichworte: Amon, Beecke, Destouches, Feldmayer, Fiala (& Suppl.), Janitsch, Lévêque, Neubauer, Nisle, Pokorny, Reicha, Rosetti, Schaden, Türrschmidt, Winneberger, Witt]

Sturm, Heribert et al. (Hrsg.): Biographisches Lexikon zur Geschichte der böhmischen Länder. München 1979 ff. [erschienene Stichworte: Fiala, Janitsch, Neubauer, Pokorný, Reicha, Rössler/Rosetti]

[26] Schloß Hohenaltheim, 2. Hälfte 18. Jh. (OeWS)

[27] S. Frhr. von S.: Etwas von der Musikalischen Edukation, in: Der Teutsche Merkur Dec. 1776, S. 220

[28] Fürst Kraft Ernst und seine Tochter Friederike. Ölbildnis von Johann Jakob Mettenleiter, 1783 (OeWS)

[29] Porträtbüste der Fürstin Marie Therese zu Oettingen-Wallerstein evt. von Ignaz Ingerl (OeWS)

[30] Karl Heinrich von Lang. Federzeichnung, 1811 (Privatbesitz)

[31] Fürst Kraft Ernst. Ölbildnis von Philipp Friedrich Hetsch, 1794 (OeWS)

[32] Fürst Kraft Ernst. Gipsmedaillon von Christian Dornacher, 1789 (OeWS)

[33/37/39] Karl Heinrich von Lang: Memoiren. Bd. 1. Braunschweig 1842, S. 56 ff., 200 f., 203-205, 219 f.

[34] Einband aus Kraft Ernsts Bibliothek: Rosettis »Der sterbende Jesus« (OeWB III 4 ½ 4° 471)

[35] Fürst Kraft Ernst. Ölbildnis von Johann Georg Strobel, 1790 (OeWS)

[36] Fürst Kraft Ernst. Silhouette von Joseph Widnmann, 1789 (OeWS)

[38] Fürst Kraft Ernst. Wachsporträt von Johann Martin Bückle, 1782 (OeWS)

[40] Fürst Kraft Ernst mit englischer Dogge. Ölbildnis, um 1790 (OeWS)

KAPITEL II.2

[41] Christian Friedrich Daniel Schubart. Titelkupfer von Anton Karcher aus »Schubart's Leben und Gesinnungen«. Stuttgart 1791

[42] Christian Friedrich Daniel Schubart: Ideen zu einer Ästhetik der Tonkunst. Wien 1806, S. 166, 169

[43] Schloß Hohenaltheim aus der Vogelschau. Guckkastenblatt von Johannes Müller, 1790 (OeWS)

[44] Programme des 7. und des 12. »Liebhaber Concerts« vom 2. März bzw. 20. April 1786 (OeWA)

[45] Wallerstein: Fürstliche Reitschule (1741/51)

[46] Antonio Rosetti. Silhouette (OeWS)

[47] Wallerstein: Neues Schloß von der Hofgartenseite. Aquarell von Schulz, um 1850 (OeWS)

[48/50] Antonio Rosetti: »Bemerkung zu Errichtung einer Circhen Musik mit Zuziehung des Hof-Orchestre«. Wallerstein, 4. Mai 1785 (OeWA)

[49] Schloß Ludwigslust (1772/76)

[51] Die Harmoniemusik der Wallersteiner Hofkapelle. Silhouette auf Goldgrund von Joseph Widnmann, 1791 (OeWS)

[52] Schloß Hohenaltheim (1710/14): Gartenfront

[53] »Nachricht von der Fürstl. Wallersteinischen Hofkapelle«, aus: Musikalische Real-Zeitung 1 (1788), S. 52 f.

[54] Dominicus Mettenleiter: Die fürstlich Oettingen Wallerstein'sche Hofkapelle, in: Orlando di Lasso. Registratur für die Geschichte der Musik in Bayern. H. 1. Brixen 1868, S. 33

[55] Ansicht von Wallerstein, 18. Jh. (OeWS)

[56] Schloß Wallerstein von Westen. Bemalte Leinwandbespannung, um 1830 (Schloß Untermarchtal)

[57] Felix Joseph Lipowski: Bayerisches Musik-Lexikon. München 1811, S. 286

KAPITEL II.3

[58] Charles Burney: The present state of music in Germany [...]. 2. edition. Vol. 1. London 1775, S. 221

[59] Charles Burney. Stich von Francesco Bartolozzi

[60] Ignaz von Beecke. Silhouette (OeWS)

[61] S. Frhr. von S.: Etwas von der Musikalischen Edukation, in: Der Teutsche Merkur Dec. 1776, S. 219 f.

[62] Wallerstein von Süden. Radierung von Johannes Müller, um 1790 (OeWS)

[63] Christian Friedrich Daniel Schubart: Leben und Gesinnungen. Bd. 2. Stuttgart 1793, S. 92 f.

[64] Beeckes Reisen 1769-1801 (Graphik: Petra Ludwig, 1990)

[65] Ignaz von Beecke an Fürst Kraft Ernst, Wallerstein 14. März 1772 (OeWA; zit. nach Schiedermair, S. 127)

[66] Ignaz von Beecke an Fürst Kraft Ernst, Navarra 15. Oktober 1772 (OeWA; zit. nach Schiedermair, S. 127)

[67] Schloß Hohenaltheim: Blick auf den Gartensaal (1714)

[68] Franziska Dorothea Danzi, verehelichte Lebrun. Silhouette von Johann Georg Kirchhöffer (Hamburg, Museum für Hamburgische Geschichte)

[69] Ignaz von Beecke an Fürst Kraft Ernst, Wien 22. April 1774 (OeWA; zit. nach Schiedermair, S. 128)

[70] Ignaz von Beecke an Fürst Kraft Ernst, Aschaffenburg 3. Oktober 1783 (OeWA; zit. nach Schiedermair, S. 109)

[71] Ignaz von Beecke an Fürst Kraft Ernst, Berlin 7. Januar 1791 (OeWA; zit. nach Schiedermair, S. 110)

[72] München: Wirtshaus »Zum Schwarzen Adler«, Kauffingergasse. Stich von Friedrich Wilhelm Bollinger, 1805

[73] Deutsche Chronik 2 (1775), S. 267

[74] Wolfgang Amadé Mozart. Silhouette von Hieronymus Löschenkohl, 1785 (Wien, Historisches Museum)

[75] Otto Jahn: W. A. Mozart. 2. Teil. Leipzig 1856, S. 77

[76] Christoph Willibald Gluck. Stich von Simon Charles Miger nach Joseph Duplessis

[77] Ignaz von Beecke: Musikalische Apotheose des Ritters Gluck. Mainz: Schott 1788 (OeWB III 4 ½ 2° 20)

[78] Wien: Hofburgtheater am Michaelerplatz. Aquarellierte Federzeichnung von Karl Schütz, um 1783 (Wien, Historisches Museum)

[79] Ignaz von Beecke: Die Auferstehung Jesu. Oratorium. *Die Worte von H.rath Zinckernagel. die Music Von Major Beecke.* Autograph 1794 (OeWB III 4 ½ 4° 67)

[80] Christian Friedrich Daniel Schubart: Ideen zu einer Ästhetik der Tonkunst. Wien 1806, S. 166 f.

[81] Maria Wilhelmina Gräfin Thun. Silhouette von Johann Friedrich Anthing, 1788 (ISM)

[82] Ignaz von Beecke: Sonate C-Dur für 3 Klaviere. Autograph 1785 (OeWB III 4 ½ 4° 386)

[83] Ignaz von Beecke: Streichquartett G-Dur. Autograph ca. 1780 (OeWB III 4 ½ 2° 966,3)

[84] Gedächtnismedaille auf Fürst Kraft Ernsts Vermählung mit Wilhelmine Friederike von Württemberg von Johann Gottfried Betulius, 1789 (OeWS)

[85] Ignaz von Beecke: *Cantate. auf Das Hochzeitfest Sr. Durch: des regierenden Fürsten Von*

Oetting Wallerstein mit Sr. Durchl: der Printzeß Von Wirtenberg Von H: Hauptmann Beecke.
Autograph 1789 (OeWB III 4 ½ 2°)

[86] Joseph Haydn. Silhouette von Hieronymus Löschenkohl, 1785 (Wien, Österreichische Nationalbibliothek)

[87] Ignaz von Beecke an Fürst Kraft Ernst, Wien 15. März 1793 (OeWA; zit. nach Diemand, S. 38 f.)

[88] Ignaz von Beecke: An Laura. Text von Friedrich von Matthisson. Autograph ca. 1790 (OeWB III 4 ½ 4° 162/7)

[89] Allgemeine musikalische Zeitung 2 (1799/1800), S. 186 f.

[90] Wallersteiner »Sterb-Register« vom 2. Januar 1803 (Kath. Pfarramt Wallerstein)

KAPITEL II.4

[91] Musikalische Real-Zeitung 3 (1790), Sp. 159

[92] Antonio Rosetti. Ölbildnis, um 1790 (Privatbesitz)

[93] Musikalische Korrespondenz der Teutschen Filharmonischen Gesellschaft 1791 Nr. 5 (2. Februar), S. 34 f.

[94] Antonio Rosetti: Oboenkonzert D-Dur Murray C33. Autograph 1778 (OeWB III 4 ½ 4° 440)

[95] Johann Friedrich Kiesewetter an Antonio Rosetti, Ansbach 22. November 1775 (OeWA; zit. nach Schiedermair, S. 121)

[96] Christian Friedrich Daniel Schubart: Leben und Gesinnungen. Bd. 2. Stuttgart 1793, S. 94 f.

[97] Antonio Rosetti: Requiem Es-Dur. Ms. nach 1780 (OeWB III 4 ½ 2° 989)

[98] Maximilian von Kaltenbacher an Antonio Rosetti, Schussenried 14. August 1778 (OeWA; zit. nach Schiedermair, S. 123)

[99] Wallersteiner Heiratsregister vom 28. Januar 1777 (Kath. Pfarramt Wallerstein)

[100] Zwei Englischhörner von Mathias Rockobauer, Wien 1764 und 1777 (OeWS)

[101] Antonio Rosetti: Quintett Es-Dur für Flöte, Oboe, Klarinette, Englischhorn und Fagott Murray B6. Ms. ca. 1778/79. Englischhorn-Stimme (OeWB III 4 ½ 4° 285)

[102] Antonio Rosetti: Sinfonien Opus 1. Paris: Le Menu et Boyer 1779 (OeWB III 4 ½ 2° 445)

[103] Antonio Rosetti an Fürst Kraft Ernst, Paris 25. Januar 1782 (OeWA; zit. nach Kaul, S. XXII, Schiedermair, S. 120)

[104] Antonio Rosetti. Lithographie von Heinrich E. von Wintter

[105] »Les promenades du Palais des Thuilleries«. Kupferstich von Martin Engelbrecht, 1. Hälfte 18. Jh.

[106] Antonio Rosetti an Fürst Kraft Ernst, Paris 5. März 1782 (OeWA; zit. nach Kaul, S. XXII f., Schiedermair, S. 120 f.)

[107] Antonio Rosetti: Six simphonies Oeuvre 3. Paris: Sieber 1782

[108] Mercure de France 1783 Nr. 7 (15. Februar), S. 127

[109] Antonio Rosetti. Silhouette, um 1780 (Berlin, Archiv für Kunst und Geschichte)

[110] Antonio Rosetti: Sinfonie g-moll Murray A42. Autograph 1787 (OeWB III 4 ½ 2° 444)

[111] Christian Friedrich Daniel Schubart: Ideen zu einer Ästhetik der Tonkunst. Wien 1806, S. 167 f.

[112] Leopold Mozart an seine Tochter Maria Anna (Nannerl), München 1. März 1786 (ISM; zit. nach Bauer Bd. 3, S. 509)

[113] Maria Anna (Nannerl) von Berchtold zu Sonnenburg. Ölbildnis, um 1785 (ISM)

[114] Antonio Rosetti: Sinfonien Opus 5. Wien: Artaria, 1786 (OeWB III 4 ½ 2° 650)

[115] Giovanni Punto. Stich von Simon Charles Miger nach einer Zeichnung von C. N. Cochin, 1782

[116] Antonio Rosetti: Konzert für zwei Hörner Es-Dur Murray C56. Ms. ca. 1790. Solohornstimme I (Auf dem Titelblatt fälschlich: *par Michael Heiden*, war früher auch Joseph Haydn zugeschrieben; OeWB III 4 ½ 2° 427)

[117] Franz Lang an Antonio Rosetti, München 16. Juli 1780 (OeWA; zit. nach Schiedermair, S. 124)

[118] Waldhornist der Mannheimer Hofkapelle, vermutlich Franz Joseph Lang (oder dessen Bruder). Ölbildnis, um 1765 (Heidelberg, Kurpfälzisches Museum)

[119] Antonio Rosetti: Partita F-Dur *pour la chasse* Murray B18. Autograph 1785 (OeWB III 4 ½ 4° 284)

[120] Franz Kulmberger an Antonio Rosetti, Fulda 9. Februar 1781 (OeWA; zit. nach Schiedermair, S. 124)

[121] Antonio Rosetti: »Der Sterbende Jesus« Murray G1. Wien: Artaria 1786 (OeWB III 4 ½ 4° 471)

[122] Antonio Rosetti an Fürst Kraft Ernst, Wallerstein 1. Februar 1789 (OeWA; zit. nach Schiedermair, S. 94)

[123] Antonio Rosetti. Kolorierte Zeichnung von Leopold August Abel, 1790 (Landeshauptarchiv Schwerin)

[124] Rosettis Entlassungsdekret, Wallerstein 9.7.1789 (OeWA; zit. nach Kaul, S. XXVII)

[125] Herzog Friedrich Franz I. von Mecklenburg-Schwerin. Ölbildnis (Bad Doberan, Münster)

[126] Musikalische Real-Zeitung 2 (1789), Sp. 254

[127] Schloß Ludwigslust (1772/76). Kolorierte Federzeichnung von F. Kölling, 1834 (Landeshauptarchiv Schwerin)

[128] Klemens Wenzeslaus von Sachsen, Fürstbischof von Trier und Augsburg. Stich von Aegid Verhelst d.J. nach Heinrich Carl Brand

[129] London: Hanover Square. Kolorierter Stich nach E. Dayes, 1787

[130] Johann Peter Salomon. Stich von Georg S. Facius nach Thomas Hardy, 1792

[131] Carl Ferdinand Pohl: Mozart und Haydn in London. Bd. 2. Wien 1867, S. 18, 119

[132] Ansicht von Prag. Farbradierung, um 1800

[133] Wolfgang Amadé Mozart. Ölbildnis von Barbara Krafft, 1819 (Wien, Gesellschaft der Musikfreunde)

[134] Wiener Zeitung, 24. Dezember 1791

[135] Prag: St. Niklas (1702/1756)

[136] Musikalische Korrespondenz der Teutschen Filharmonischen Gesellschaft 1792 Nr. 1 (4. Januar), S. 3

[137] Berliner Stadtschloß: Großes Treppenhaus (1700/01). Zustand vor 1945

[138] König Friedrich Wilhelm II. von Preußen. Ölbildnis von Anton Graff, 1788 (Berlin, Deutsches Historisches Museum)

[139] Musikalische Korrespondenz der Teutschen Filharmonischen Gesellschaft 1792 Nr. 21, S. 164 f.

KAPITEL II.5

[140] Prag: Karlsbrücke. Stich von Johann Balzer nach J. A. Scotti, 1781

[141] Joseph Fiala: Oboenkonzert B-Dur. Ms. ca. 1780 (OeWB III 4 ½ 4° 443)

[142] Franz Fiala: Artikel »Joseph Fiala«, in: Encydopädie der gesammten musikalischen Wissenschaften. Bd. 7. Stuttgart 1842. Anhang S. 21 f.

[143] Joseph Fiala: Streichquartette Opus 1. Frankfurt: Haueisen 1780 (OeWB III 4 ½ 2° 969)

[144] Streichquartett der Wallersteiner Hofmusik. Silhouette, um 1790 (OeWS)

[145] Wolfgang Amadé Mozart an seinen Vater, München 3. Oktober 1777 (ISM; zit. nach Bauer Bd. 2, S. 32 f.)

[146] Ansicht von München. Stich von Franz Xaver Jungwierth nach Canaletto, 1761

[147] Hieronymus Graf Colloredo, Fürsterzbischof von Salzburg. Ölbildnis von Franz Xaver König, 1772 (Salzburg, Stift St. Peter)

[148] Leopold Mozart an seinen Sohn, Salzburg 8. Januar 1781 (ISM; zit. nach Bauer Bd. 3, S. 83)

[149] Ernst Ludwig Gerber: Neues historisch-biographisches Lexikon der Tonkünstler. Teil 2. Leipzig 1812, Sp. 119

[150] Ansicht von Donaueschingen mit pflügenden Bauern. Lithographie nach einer Zeichnung von 1826

[151] Joseph Reicha. Silhouette (OeWS)

[152/155/158] Anton Reicha: Autobiographie (Paris, Bibliothèque de l'Opéra, Ms. um 1835; zit. nach Jacques-Gabriel Prod'homme: From the unpublished autobiography of Antoine Reicha, in: The musical quarterly 22 (1936), S. 341, 352 f.; Übertragung: G.G.)

[153] Joseph Reicha: Partita D-Dur. Autograph ca. 1784 (OeWB III 4 ½ 4° 496)

[154] Maximilian Franz, Kurfürst und Erzbischof von Köln. Ölbildnis (Bonn, Beethovenhaus)

[156] Musikalische Korrespondenz der Teutschen Filharmonischen Gesellschaft 13. Juli 1791, S. 221

[157] Bonn: Kurfürstliche Residenz. Koloriertes Guckkastenbild von Balthasar Friedrich Leizel, 1780 (Bonn, Städtische Sammlungen)

[159] Anton Reicha. Lithographie von C. Constans

[160] Intelligenzblatt zur Allgemeinen Musikalischen Zeitung 14 (1812) VIII, S. 34

[161] Anton Janitsch. Silhouette (OeWS)

[162] Antonio Rosetti: Violinkonzert F-Dur Murray C11. Ms. von Franz Xaver Link, ca. 1790 (OeWB III 4 ½ 4° 660)

[163] Anton Janitsch an Fürst Kraft Ernst, Hohenaltheim 17. September 1783 (OeWA; zit. nach Schiedermair, S. 119 f.)

[164] Christian Friedrich Daniel Schubart. Stich von Johann Michael Söckler

[165] Christian Friedrich Daniel Schubart: Ideen zu einer Ästhetik der Tonkunst (1784/85). Wien 1806, S. 168 f.

[166] Burgsteinfurt, Bagno (Gräflich Bentheim-Steinfurtscher Park): Konzertsaal (1773/74). Zustand: 1890

[167] Wien: Kärntnertor-Theater. Kolorierter Kupferstich, um 1830

[168] Frankfurt am Main: Komödienhaus. Stich von Johann Daniel Frey, 1793

[169] Franckfurter Frag- und Anzeigungs-Nachrichten vom 22. September 1776 (zit. nach Carl Israël: Frankfurter Concert-Chronik 1713-1780. Frankfurt/M. 1876, S. 59)

[170] Beecke an Fürst Kraft Ernst, Wien 2.10.1776 (OeWA; zit. nach Schiedermair, S. 91)

[171] Salzburg: Wohnhaus der Familie Mozart am Hannibal- (jetzt Makart-) Platz. Lithographie nach G. Pezold, um 1840

[172] Leopold Mozart an Frau und Sohn in Mannheim, Salzburg 26. Januar 1778 (ISM; zit. nach Bauer Bd. 2, S. 240 f.)

[173] Salzburg vom Kapuzinerberg. Kolorierte Radierung von Anton Amon, 1791, nach August Heinrich Naumann

[174] Joseph Reicha: Duett d-moll für Violine und Violoncello. Ms. ca. 1780 (OeWB III 4 ½ 4° 808)

[175] Johann Michael Haydn. Stich von Johann Friedrich Schröter d.Ä.

[176] Leopold Mozart an seinen Sohn in Mannheim, Salzburg 29. Januar 1778 (ISM; zit. nach Bauer Bd. 2, S. 244 f.)

[177] Johann Caspar Tiefenbrunner an Fürst Kraft Ernst, Wallerstein 20. Oktober 1779 (OeWB Cod. III. 3 4° 115)

KAPITEL II.6

[178] Indersdorf: Kirche des Augustiner-Chorherrenstifts

[179] Georg Feldmayr: Partita D-Dur. Autograph 1790 (OeWB III 4 ½ 4° 479)

[180] Schloß Ludwigslust (1772/76)

[181] Ignaz Fränzl. Ölbildnis von Johann Wilhelm Hoffnas (Heidelberg, Kurpfälzisches Museum)

[182] Paul Winneberger: Partita F-Dur *All'Occasione del Giorno Natale di Sua Altezza il Signor Principe regnante d'Oetting-Wallerstein Composta è dedicata con profondissimo Rispetto da Paulo Winneberger. 1794.* Autograph 1794 (OeWB III 4 ½ 2° 345)

[183] Mergentheim: Deutschordensschloß. Innerer Schloßhof

[184] Carl Ludwig Junker, in: Musikalische Korrespondenz der Teutschen Filharmonischen Gesellschaft 1791 Nr. 47 (23. November), S. 375 f.

[185] Hamburg: Blick auf Binnenalster und Jungfernstieg. Aquatinta von John Harris, 1799 (Hamburg, Staatsarchiv)

[186] Christian Friedrich Gottlieb Schwenke, in: Allgemeine musikalische Zeitung 2 (1799/1800), Sp. 413

[187] Paul Winneberger: Sinfonie F-Dur. Autograph 1793 (OeWB III 4 ½ 2° 667)

[188] Encyclopädie der gesammten musikalischen Wissenschaften. Bd. 6. Stuttgart 1838, S. 872 f.

[189] Friedrich Witt: Partita F-Dur. Autograph 1791 (OeWB III 4 ½ 2° 605)

[190] Ernst Ludwig Gerber: Neues historisch-biographisches Lexikon der Tonkünstler. Teil 4. Leipzig 1814, Sp. 593

[191] Potsdam: Stadtschloß. Aquatinta, um 1780

[192] Karl Türrschmidt an Ignaz von Beecke, Potsdam 24. März 1794 (OeWA; zit. nach Schiedermair, S. 100)

[193] Klarinette in Es und Traversflöte in F, Anfang 19. Jh. (M. Willand, Ellwangen)

[194] Paul Wranitzky. Kupferstich

[195] Friedrich Witt an einen Wallersteiner Bekannten, Wien Juli 1796 (OeWA; zit. nach Schiedermair, S. 100)

[196] Würzburg: Bischöfliche Residenz von der Gartenseite. Lithographie von J. A. Hofmann, um 1830/40

[197] Friedrich Witt: Grande Sinfonie Nr. 8 E-Dur. Offenbach: André (OeWB III 4 ½ 2° 663)

KAPITEL II.7

[198] Antonio Rosetti: Hornkonzert Es-Dur Murray C49. *Pour Monsieur Dürrschmied.* Autograph 1779 (OeWB III 4 ½ 4° 275)

[199] Schloß Hohenaltheim. Ölbildnis, Mitte 18. Jh. (OeWS)

[200] Journal de Paris, Vendredi 24 Mars 1780, S. 347

[201] Christian Friedrich Daniel Schubart: Ideen zu einer Ästhetik der Tonkunst (1784/85). Wien 1806, S. 155

[202] Stuttgart: Schloß Solitude. Stich von G. N. Servandoni (?), um 1765

[203] Franckfurter Frag- und Anzeigungs-Nachrichten vom 14. September 1769 (zit. nach Carl Israël: Frankfurter Concert-Chronik 1713-1780. Frankfurt/M. 1876, S. 50)

[204] Augsburg von Osten. Stich von Johann Thomas Krauss, 1746

[205] Deutsche Chronik 1776, S. 733

[206] Kronprinz Friedrich Wilhelm von Preußen. Miniatur (Deckfarben auf Elfenbein) von Anton Friedrich König d.Ä., um 1770 (Stockholm, Statens Konstmuseer)

[207] Waldhorn von Johann Georg Lintner. Augsburg um 1800 (OeWS)

[208] Franckfurter Frag- und Anzeigungs-Nachrichten vom 27. März 1778 (zit. nach Carl Israël: Frankfurter Concert-Chronik 1713-1780. Frankfurt/M. 1876, S. 65)

[209] Encyclopädie der gesammten musikal. Wissenschaften. Bd. 5. Stuttgart 1837, S. 176

[210] Jean Nisle: *Duos Concertans pour Clavecin et Cor:* Duo Nr. 2. Ms. ca. 1800 (OeWB III 4 ½ 4° 272)

[211] Antonio Rosetti: Konzert für zwei Hörner F-Dur Murray C61. *Fait pour Messieurs Nagel & Zwierzina.* Autograph 1787 (OeWB III 4 ½ 4° 274)

[212] Franz Anton Hoffmeister. Punktierstich von Friedrich Wilhelm Nettling nach Nikolaus Lauer

[213] Franz Anton Hoffmeister: Konzert für zwei Hörner E-Dur. Ms. ca. 1792 (OeWB III 4 ½ 4° 282)

[214] Friedrich Witt: Hornkonzert E-Dur *fait pour Msr. Nagel.* Autograph 1795 (OeWB III 4 ½ 4° 281)

[215] Felix Joseph Lipowsky: Baierisches Musik-Lexikon. München 1811, S. 402

[216] Wallerstein von Westen. Federzeichnung von Joseph von Jocher, vor 1804 (OeWS)

KAPITEL II.8

[217] Johann Baptist Vanhal. Stich von Karl Traugott Riedel nach Johann Adamek, 1815

[218] Johann Baptist Vanhal: Sinfonie F-Dur. Ms. ca. 1780 (OeWB III 4 ½ 2° 666)

[219] Leopold Koželuch: Sinfonie G-Dur. Ms. ca. 1790 (OeWB III 4 ½ 2° 857)

[220] Carl Ditters von Dittersdorf: Sinfonien Opus 7. Paris: Bureau d'Abonnement 1773 (OeWB III 4 ½ 2° 868)

[221] Johann Franz Xaver Sterkel: Sinfonien Opus 7. Paris: Sieber (OeWB III 4 ½ 2° 641)

[222] Leopold Anton Koželuch. Stich von William Ridley, 1797

[223] Carl Ditters von Dittersdorf. Stich von Hieronymus Löschenkohl

[224] Wolfgang Amadé Mozart: Sinfonie D-Dur KV 385. Wien: Artaria 1785 (OeWB III 4 ½ 2° 710)

[225] Franz A. Hoffmeister: Serenade Es-Dur. Bonn: Simrock (OeWB III 4 ½ 2° 382)

[226] Antonio Salieri. Stich von Johann Gottfried Scheffner

[227] Joseph Haydn. Silhouette (anonym), Ende 1780er Jahre

[228] Fürst Kraft Ernst an Johann von Müller, Wallerstein Ende 1790 / Anfang 1791 (OeWA; zit. nach Diemand, S. 37 f.)

[229] Wolfgang Amadé Mozart. Ölbildnis 1777 (Bologna, Civico Museo Bibliografico Musicale)

[230] Wolfgang Amadé Mozart: Freimaurerkantate KV 623. Ms. von Franz Xaver Link, 1798 (OeWB III 4 ½ 4° 4)

[231] Ignaz Pleyel. Stich von Georges Louis Beausse nach einer Zeichnung von Pierre Narcis Guérin

[232] Georg Joseph Vogler. Stich von Johann Michael Schramm

[233] Carl Stamitz: Oboenkonzert B-Dur. Ms. ca. 1780. Bearbeitung, Original für Klarinette (OeWB III 4 ½ 4° 442)

[234] Georg Joseph Vogler: Ouverture zur Oper »Castore e Polluce«. Ms. von Sixtus Hirsvogl, ca. 1790 (OeWB III 4 ½ 4° 503)

[235] Carl Stamitz an Fürst Kraft Ernst, Greiz 23. Juli 1791 (OeWA; zit. nach Schiedermair, S. 126)

[236] Adalbert Gyrowetz. Stich von Joseph Georg Mansfeld, 1793

[237] Adalbert Gyrowetz: Streichquartette Opus 21. Augsburg: Gombart 1798 (OeWB III 4 ½ 2° 967)

[238] Paul Wranitzky: Sinfonie C-Dur Opus 31. Augsburg: Gombart 1797 (OeWB III 4 ½ 2° 861)

KAPITEL III

[239] Johann Baptist Wendling. Silhouette von Johann Georg Kirchhöffer (Hamburg, Museum für Hamburgische Geschichte)

[240] Dorothea Wendling. Silhouette von Johann Georg Kirchhöffer (Hamburg, Museum für Hamburgische Geschichte)

[241] Wallerstein: Neues Schloß mit Schloßpark

KAPITEL III.1

[242] Leopold Mozart mit Wolfgang und Maria Anna (Nannerl), Aquarell von Louis Carrogis de Carmontelle, November 1763 (Chantilly, Musée Condé)

[243] Wolfgang Amadé Mozart. Ölbild von Saverio dalla Rosa, Januar 1770 (Privatbesitz)

[244] Leopold Mozart an seine Frau, Rom 28.4.1770 (ISM; zit. nach Bauer Bd. 1, S. 343)

[245] Wolfgang Amadé Mozart an seinen Vater, München 11. Oktober 1777 (ISM; zit. nach Bauer Bd. 2, S. 45)

[246] Joseph Myslivecek. Stich von A. Widerhofer, 1782

[247] Wolfgang Amadé Mozarts Reisewege durch Schwaben (aus: Ernst Fritz Schmid: Ein schwäbisches Mozartbuch. Lorch 1948)

[248] Leopold Mozart an seinen Sohn in Augsburg, Salzburg 12. Oktober 1777 (ISM; zit. nach Bauer Bd. 2, S. 50 f.)

[249] Leopold Mozart. Ölbildnis, um 1765 (ISM)

[250] Leopold Mozart an seinen Sohn in Augsburg, Salzburg 15. Oktober 1777 (ISM; zit. nach Bauer Bd. 2, S. 57 f.)

[251] Wolfgang Amadé Mozart an seinen Vater, Augsburg 17. Oktober 1777 (ISM; zit. nach Bauer Bd. 2, S. 69)

[252] Johann Andreas Stein. Miniatur auf Elfenbein von Johann Esaias Nilson, 1753 (Nürnberg, Germanisches Nationalmuseum)

[253] Wolfgang Amadé Mozart an seinen Vater, Augsburg 23./25. Oktober 1777 (ISM; zit. nach Bauer Bd. 2, S. 83)

[254] Hammerklavier von Johann Andreas Stein, 1783 (Augsburg, Mozarthaus)

[255] Schloß Hohenaltheim: Blick in den Hof

[256] Maria Anna Mozart, geb. Pertl. Ölbildnis, um 1775 (ISM)

[257] Maria Anna Mozart an ihren Mann, Mannheim 31. Oktober 1777 (ISM; zit. nach Bauer Bd. 2, S. 92 f.)

[258] Familienbild der Mozarts: Nannerl, Wolfgang und Leopold. Das Bildnis der 1778 verstorbenen Mutter hängt an der Wand. Ölbildnis von Johann Nepomuk della Croce, Winter 1780/81 (Salzburg, Mozartmuseum)

[259] Schloß Hohenaltheim: Gartensaal

[260] Wolfgang Amadé Mozart an seinen Vater, Mannheim 13. November 1777 (ISM; zit. nach Bauer Bd. 2, S. 118)

[261] Mannheim: Paradeplatz mit »Pfälzer Hof«. Stich von (Johann Anton?) Riedel, 1779

[262] Leopold Mozart an seinen Sohn in Mannheim, Salzburg 12. Februar 1778 (ISM; zit. nach Bauer Bd. 2, S. 274 f.)

[263] Maria Anna Thekla Mozart, das »Bäsle«. Bleistiftzeichnung, 1777/78 (ISM)

[264] Wolfgang Amadé Mozart an seinen Vater, Mannheim 19. Februar 1778 (ISM; zit. nach Bauer Bd. 2, S. 286)

[265] Wolfgang Amadé Mozart: Sinfonie D-Dur KV 297/300a. Ms. ca. 1790 (OeWB III 4 ½ 2° 711)

KAPITEL III.2

[266] Ludwig van Beethoven. Getuschte Silhouette von Joseph Neesen, um 1786 (Bonn, Beethoven-Haus)

[267] Wien: Stock-im-Eisen-Platz mit Stephansdom. Kolorierter Kupferstich von Carl Schütz, 1779

[268] Nanette von Schaden. Miniatur (Bonn, Beethoven-Haus)

[269] Christian Friedrich Daniel Schubart: Ideen zu einer Ästhetik der Tonkunst (1784/85). Wien 1806, S. 169

[270] Johann Friedrich Reichardt, in: Musikalisches Wochenblatt auf das Jahr 1791, S. 30

[271] Joseph Wilhelm Freiherr von Schaden. Miniatur (Bonn, Beethoven-Haus)

[272] Christian Gottlob Neefe. Stich von Gottlob August Liebe nach einer Zeichnung von Johann Georg Rosenberg

[273] Augsburg von Osten. Kolorierte Radierung von Franz Thomas Weber, 1821

[274] Ludwig van Beethoven an Joseph Wilhelm von Schaden, Bonn 15. September 1787 (Bonn, Beethoven-Haus; zit. nach Sieghard Brandenburg (Hrsg.): Ludwig van Beethoven, Briefwechsel. Bd. 1. München, 1996, S. 5 f.)

[275] Johann Franz Xaver Sterkel. Stich, um 1810

[276] Antonio Rosetti und Nanette von Schaden, Klavierkonzert G-Dur Murray C3. Speyer: Bossler 1783

[277] Hammerflügel von Johann Andreas Stein, 1791 (Wien, Kunsthistorisches Museum)

[278] Ernst Ludwig Gerber: Neues historisch-biographisches Lexikon der Tonkünstler. Teil 4. Leipzig 1814, Sp. 37

[279] Wallerstein von Westen. Innenraumbemalung, um 1830 (Wallersteiner Schlößchen)

KAPITEL III.3

[280] Wien: Oberes Belvedere. Ölbildnis von Bernardo Bellotto, genannt Canaletto, 1759/60 (Wien, Kunsthistorisches Museum)

[281] Joseph Haydn. Ölbildnis von Ludwig Guttenbrunn, 1791/92, nach einem Gemälde von 1770 (Eisenstadt, Haydn-Haus)

[282] Joseph Haydn an Fürst Kraft Ernst, Wien 3. Dezember 1781 (OeWA; zit. nach Bartha, S. 107)

[283] Joseph Haydn. Kupferstich von Johann Ernst Mansfeld, 1781

[284] Joseph Haydn, Ölbildnis von Ludwig Seehas, 1785 (Schwerin, Staatliches Museum)

[285] Hofkammerrat St. George an Joseph Haydn, Wallerstein 18. Februar 1782 (OeWA, Kanzleikopie; zit. nach Bartha, S. 113)

[286] Joseph Haydn: Sinfonie Nr. 73 D-Dur Hob. I:73 »La Chasse«. Wien: Torricella 1782 (OeWB III 4 ½ 2° 811)

[287] Fürst Kraft Ernst an Johann von Müller, Wallerstein 16. Januar 1788 (OeWA; zit. nach Diemand, S. 31)

[288] Graf Claude-François-Marie d'Ogny. Stich von E. Quenedey

[289] Haydn, Joseph: Il Ritorno di Tobia Hob. XXI:1. Ms. ca. 1784 (OeWB III 4 ½ 4° 66)

[290] Joseph Haydn an Johann von Müller, Esterháza 3. Februar 1788 (OeWA; zit. nach Bartha, S. 186 f.)

[291] Joseph Haydn an Johann von Müller, ca. 17. Oktober 1789 (OeWA; zit. nach Bartha, S. 214)

[292] Fürst Nikolaus Esterházy. Stich von Charles Pechwill nach einem Gemälde von Ludwig Guttenbrunn, 1770

[293] Schloß Esterháza (Fertöd/Ungarn; 1760/69): Gartenfront

[294] Joseph Haydn an Johann von Müller, Esterháza 29. November 1789 (OeWA; zit. nach Bartha, S. 220)

[295] Joseph Haydn: Sinfonie Es-Dur Hob. I:91. Ms. ca. 1789 (OeWB III 4 ½ 2° 827)

[296] Joseph Haydn: Sinfonie G-Dur Hob. I:92. Ms. ca. 1789. »Violino primo« (S. 32) mit Eintragungen von Haydns Hand (OeWB III 4 ½ 2° 693)

[297] Joseph Haydn. Ölbild von Thomas Hardy, 1791 (London, Royal College of Music)

[298] Johann von Müller an Fürst Kraft Ernst, Wien 9. Dezember 1789 (OeWA; zit. nach Diemand, S. 35 f.)

[299] Philipp Karl Joseph Graf zu Oettingen-Wallerstein. Gipsmedaillon von Christian Dornacher, 1789 (OeWS)

[300] Ferdinand von Müller an Fürst Kraft Ernst, Wien 9. Februar 1790 (OeWA; zit. nach Diemand, S. 36 f.)

[301] Schloß Esterháza (Fertöd/Ungarn): Freitreppe

[302] Joseph Haydn: Sinfonie C-Dur Hob. I:97. Ms. von J. Elssler, ca. 1792. »Violino primo«, Beginn (OeWB III 4 ½ 2° 690)

[303] Joseph Haydn. Zeichnung von George Dance, 1794 (London, Royal College of Music)

[304] Joseph Haydn an Marianne von Genzinger, Esterháza 14. März 1790 (Wien, Österreichische Nationalbibliothek; zit. nach Bartha, S. 231 f.)

[305] Johann Peter Salomon. Zeichnung von George Dance (Buggiano/Wien, Sammlung H. C. Robbins Landon)

[306] Wallerstein: Neues Schloß: Hauptflügel

[307] Fürst Kraft Ernst an Johann von Müller, Wallerstein, Ende 1790 / Anfang 1791 (OeWA; zit. nach Diemand, S. 37)

[308] Joseph Haydn: Sinfonia concertante B-Dur Hob. I:105. Paris: Imbault ca. 1796 (OeWB III 4 ½ 2° 702)

KAPITEL IV

[309] Ignaz von Beecke: *Missa Solenne [D-Dur] fatta a Schwaning nel tempo dell' Emigratione, per fare Eßequirla a L'ocasione della Pace da me Beecke.* Autograph 1800 (OeWB III 4 ½ 4° 25)

[310] Schloß Unterschwaningen. Kolorierter Kupferstich von Johann Gottfried Koeppel, 1787

[311] Fürst Kraft Ernst im Kreis seiner Familie anläßlich der Hochzeit seiner Tochter Prinzessin Friederike, September 1802. Ölkopie nach einem Temperagemälde von Peter Bohr, 1802 (OeWS)

[312] Ignaz von Beecke: Serenade D-Dur *Von Verschiedenen caracteristischen stücken, aufgeführt bey gelegenheit des beylagers S. durchl. des regierenden Fürsten v. Lamberg, und S. durchl. der Prinzeß Von Oetingen Wallerstein. Componirt Vom Major Beecke.* Autograph 1802. Kopftitel: *Serenada o Divertimento de piu stromenti Obligati. per l'occasione delle Sposalizie di Loro Altezza Sme. il Principe de Lamberg et la Principessa d'Oeting Wallerstein* (OeWB III 4 ½ 4° 557)

[313] Fürst Kraft Ernst auf dem Totenbett. Gouache von Joseph Frantz, 1802 (OeWS)

[314] Erbprinz Ludwig mit seinen Brüdern vor der Gartenfront von Schloß Hohenaltheim. Aquarell von Albrecht Adam, 1805 (OeWS)

[315] Erlaß der Fürstin Wilhelmine Friederike, Wallerstein 18. September 1810 (OeWA; zit. nach Schiedermair, S. 114)

[316] Fürstin Wilhelmine Friederike. Radierung von E. Quenedey, 1806 (OeWS)

[317] Felix Joseph Lipowski: Bayerisches Musik-Lexikon. München 1811, S. 287

[318] Wallerstein: Neues Schloß, Festsaal, um 1800

[319] Franz von Destouches. Zeichnung von Hermann Sagstätter

[320] Johann Amon: Sextette E-Dur und F-Dur für zwei Hörner, Violine, Viola, Violoncello und Posaune *composés pour les freres Zwirzina.* Ms. ca. 1810 (OeWB III 4 ½ 2° 422)

[321] Johann Amon: Quintett F-Dur für Flöte, Horn, Violine, Viola, Violoncello und Kontrabaß Opus 110. Offenbach: André 1824 (OeWB III 4 ½ 2° 949)

[322] Johann Amon an Fürst Ludwig, Nördlingen 26. April 1817 (OeWA; zit. nach Schiedermair, S. 116)

[323] Fürst Ludwig. Ölbildnis von Moritz Oppenheim, 1819 (OeWS)

[324] Dominicus Mettenleiter: Die fürstlich Oettingen Wallerstein'sche Hofkapelle, in: Orlando di Lasso. Registratur für die Geschichte der Musik in Bayern. H. 1. Brixen 1868, S. 36

[325] Fürst Ludwig. Ölbildnis von August Graf von Seinsheim, 1826 (OeWS)

[326] Fürstin Creszentia zu Oettingen-Wallerstein. Ölbildnis von Joseph Stieler, 1833 (OeWS)

[327] Wallersteiner Sextett, um 1860. 1. Reihe (von links): Telegraphenexpeditor Keckhut (Violine), Sekretär Rauh (Flöte), Chorregent Häfele (Bratsche) 2. Reihe: Sekretär Weinberger (Violine), Lithograph Werner (Kontrabaß), Kabinettssekretär Rietsch (Klarinette)

BILDQUELLEN

BECKER, Max (Hrsg.): Mozart - sein Leben und seine Zeit in Texten und Bildern. Frankfurt/Main 1991 [Abb. 132, 249, 256, 280]

BLENDINGER, Friedrich (Hrsg.): Augsburg: Geschichte in Bilddokumenten. München 1976 [Abb. 254]

BRANDENBURG, Sieghard (Hrsg.): Ludwig van Beethoven, Briefwechsel. Bd. 1. München, 1996 [Abb. 266, 268, 271]

BROD, Walter M. et al. (Hrsg.): Würzburg: Bilder einer alten Stadt. Würzburg 1987 [Abb. 196]

BRÜCHLE, Bernhard; Kurt Janetzky: Kulturgeschichte des Horns. Tutzing 1976 [Abb. 104, 115]

BRÜNING, Jochen (Hrsg.): Stadtbilder: Augsburger Ansichten des 15.-19. Jahrhunderts. Augsburg 1992 [Abb. 204, 273]

CROLL, Gerhard; Kurt Vössing: Johann Michael Haydn. Wien 1987 [Abb. 173]

DEUTSCH, Otto Erich (Hrsg.): Mozart und seine Welt in zeitgenössischen Bildern. Kassel 1961 [Abb. 7, 10, 12, 14, 21, 23, 46, 60, 72, 74, 76, 78, 81, 105, 113, 130, 133, 140, 146, 147, 151, 161, 167, 168, 171, 175, 181, 194, 212, 217, 222, 223, 226, 229, 232, 236, 242, 243, 246, 252, 258, 261, 263]

ERBEN, Tino (Red.): Zaubertöne: Mozart in Wien 1781-1791. Ausstellung des Historischen Museums der Stadt Wien im Künstlerhaus, 6. Dez. 1990 - 15. Sept. 1991. Wien 1990 [Abb. 267]

FÜRST WALLERSTEINSCHES ARCHIV UND SAMMLUNGEN [Abb. 44, 50, 87, 100, 103, 144, 163, 207, 291]

GÖRES, Burkhardt (Hrsg.): Friedrich Wilhelm II. und die Künste. Berlin-Brandenburg 1997 [Abb. 138, 206]

HANEMANN, Regina: Schloss Mergentheim mit dem Deutschordensmuseum. Schwetzingen : Schimper 1999 [Abb. 183]

HUTH, Volkhard: Donaueschingen - Stadt am Ursprung der Donau. Sigmaringen 1989 [Abb. 150]

INTERNATIONALE STIFTUNG MOZARTEUM SALZBURG [Abb. 250, 257, 260]

JOSEPH HAYDN in seiner Zeit. Eisenstadt 1982 [Abb. 284, 297]

KAVASCH, Wulf-D. (Hrsg.): Franz Anton Rosetti zum 200. Todestag. Nördlingen 1992 [Abb. 43, 62, 99]

KLAIBER, Hans A.: Schloß Solitude. München 1984 [Abb. 202]

KLEIN, Rudolf; Erich Lessing: Joseph Haydn. Freiburg/Br. 1981 [Abb. 281, 293, 301]

KOPITZSCH, Franklin et al. (Hrsg.): Hamburg-Lexikon. Hamburg 1998 [Abb. 185]

KUNSTHISTORISCHES MUSEUM WIEN: Katalog der Sammlung alter Musikinstrumente. Teil 1. Saitenklaviere. Wien 1966 [Abb. 277]

LANDESHAUPTARCHIV SCHWERIN [Abb. 123, 127]

LANDON, H. C. Robbins (Hrsg.): Beethoven: Sein Leben und seine Welt in zeitgenössischen Bildern und Texten. Zürich 1970 [Abb. 154, 157, 272, 275]

LEBENSBILDER aus dem bayerischen Schwaben. Bd. 2. München 1953 [Abb. 128]

PESCHKEN, Goerd; Hans-Werner Klünner: Das Berliner Schloß. Frankfurt am Main 1982 [Abb. 137]

SCHECK, Helmut: Musik im Ries: Die Wallersteiner Hofmusik. Nördlingen 1984 [Abb. 26, 90]

SCHNEIDER, Wolfgang; Wolfgang Gottschalk: Berlin - eine Kulturgeschichte in Bildern und Dokumenten. Leipzig 1980 [Abb. 191]

SCHUHMANN, Günther: Die Markgrafen von Brandenburg-Ansbach. Ansbach 1980 [Abb. 310]

SOMFAI, László (Hrsg.): Joseph Haydn. Sein Leben in zeitgenössischen Bildern. Kassel 1966 [Abb. 59, 86, 227, 231, 283, 288, 292, 303, 305]

SPONSEL, Wilfried: Die Burgen und Schlösser der Fürsten zu Oettingen-Wallerstein. Ubstadt-Weiher 1996 [Abb. 3, 51, 55, 241, 318]

STEGER, Hartmut, Wallerstein [Abb. 327]

STROHMANN, Dirk: Die Konzertgalerie im Steinfurter Bagno. Münster 1997 [Abb. 166]

THÜRAUF, Ulrich et al. (Hrsg.): Geist und Gestalt. Bd. 3. München 1959 [Abb. 30]

VOLCKAMER, Volker von: Aus dem Land der Grafen und Fürsten zu Oettingen. Wallerstein 1995 [Abb. 1, 2, 19, 20, 24, 25, 28, 29, 31, 32, 35, 36, 38, 40, 45, 47, 52, 56, 67, 84, 199, 216, 255, 259, 279, 299, 311, 313, 314, 316, 323, 325, 326]

WELCK, Karin von et al. (Hrsg.): 176 Tage W. A. Mozart in Mannheim. Heidelberg 1991 [68, 118, 239, 240]

WURLITZER, Bernd: Mecklenburg-Vorpommern. Köln 1992 [Abb. 125]

Alle anderen Abbildungen UNIVERSITÄTSBIBLIOTHEK AUGSBURG